教出一生幸福好女兒

和田秀樹

瑞昇文化

前言

給家中有女兒的母親。

自從您所期盼的女兒來到您身邊後，我想您為了要將她教育成善良的孩子，一定每天都很拼命且忙碌吧。每過一段時間，您就能感受到她的顯著成長。和女兒一起度過的每一天，是不是都很特別呢？

另一方面，有些父母也許不知道，在這種快速惡化的M型競爭社會中，該把女孩教育成什麼樣的人才好呢!?

如果是男孩的話，為了設法讓孩子贏得勝利，或是至少不要成為人生的輸家，所以許多父母應該會想要採取既嚴格又確實的教育方法吧!?

但是，像要求男孩一樣地向女孩要求這些，好嗎？她會不會被說個性差勁呢？就算不會，在不婚和晚婚現象持續增加的情況下，她會不會變成與婚姻無緣的女性呢？……您會那麼擔心也是理所當然的。

其實，我也有兩個女兒。我沒有兒子。

為了兼顧精神科醫生、教育評論家、電影導演等職務，我本身忙碌不已。

說真的，若要論起「我是否有好好參與教育孩子這件事」的話，我可能沒立場說些了不起的話。但若要說唯一讓我引以為傲的事，那就是我對孩子的教育方針幾乎沒有動搖過。

我的方針就是「能自力更生」。說得白話一點，就是要她們成為「能夠靠自己養活自己的人」。

或許，「不隨波逐流，實行獨特的方針」並不是簡單的事。我知道我的女兒也因為「一邊讀大學附屬小學，一邊去上國中入學測驗補習班」而遇到類似「遭人排擠或遭人暗地裡說壞話」的情況。即使如此，我還是認為「為了讓女兒靠自己生存下去，所以必須讓她靠自己的努力來選擇道路」，並會全力支持我的女兒！

現在，我能夠自信地說我並沒有做錯。

我想，這大概和我在美國的留學經驗有很大的關係。

雖然那已經是二十年前的事了，但美國那時的M型社會現象比國內還嚴重，所有貧窮家庭的主婦要是不工作的話，就沒飯吃（那時的狀態可說是，除了美國大都會地區外，其它多數地區中產階級以下的家庭都很貧窮）。而且，多數的工作都類似體力勞動。無論多麼拼命工作，別說是提供小孩上大學的學費，就連籌得生病時要用的醫藥費都很困難。

但是，另一方面，那時的女性菁英卻相當活躍，幾乎不會受到差別待遇，所有女性菁英看起來都非常地生氣蓬勃。由於這些女性能夠從事喜歡的工作，所以她們的精神大多很穩定，而且也能夠順利地教育孩童。

在美國，被視為菁英的男性全都會和被視為菁英的女性結婚。

貧窮階級的人即使心地再善良，也沒什麼機會認識這類男性（電影『麻雀變鳳凰』是應召女郎的灰姑娘故事，但那應該是童話故事吧。請參照第二十五頁）。無論多會做家事也沒用，因為菁英男性只要雇用女傭就足夠了。所以說，女性如果想和菁英結婚的話，女性自己也必須變成菁英才行。只要看看美國最近的第一夫人，應該就能理解這個明確的趨勢吧。

我絕不是喜歡美國型社會，但在那之後的二十年裡，美國的M型社會現象變得更嚴重，而且國內也追隨在後。

一想到這裡，身為育有女兒的父親，我認為，還是沒辦法採取慢慢來的態度。因為我希望她們能獲得幸福的人生，所以我自始至終都持續告訴女兒「要成為能自力更生的人」。

本書所寫的都是我的真心話。各位母親如果對女兒的教育感到困惑的話，請試著這樣做吧。當您在教育女兒時，我相信這些資訊一定會派上用場的。

和田秀樹

目次

教出一生幸福好女兒

第5章 為了讓孩子成為「好學的孩子」

第6章 避免讓孩子因朋友、青春期、戀愛而受挫

第7章 建立母親和女兒的良好關係

第 1 章

能獲得幸福的，是能夠奮發向上的女生！

今後女生該學會的重要「力量」

*難以決定如何教養女兒的時代

不管是什麼樣的母親，都會一邊眺望著女兒充滿活力地到處飛奔，一邊強烈地抱持著「希望這孩子能獲得幸福」這種心情，而且這是非常自然的事情。雖然不同的家庭寄託在孩子身上的理想和期待各有不同，但那種「希望孩子擁有幸福人生」的父母心卻是相同的。身為育有兩個女兒的父親，我很能體會那種心情。那麼，在這裡，我想問大家一個問題。

「您想像得到，您的孩子將來會以一名女性的身分，過著什麼樣的人生嗎？您希望她過著什麼樣的人生呢？」

我似乎能夠聽見各種不同的答案。其中，「希望她能遇到好的伴侶，並共組幸福家庭」這項答案肯定會佔據前幾名，也許某些母親認為這項答案是第一名。接著，我再問個問題吧。

「那時候，您的女兒在經濟與精神層面上能夠完全自立嗎？」

至今為止，我以教育評論家的身分，聆聽了許多父母的意見。關於女兒的結婚問題，很多人都可以說出蠻明確的願望或想法，但當我稍微深入問到自立能力時，家長們的回答就會不可思議地變得模稜兩可。

這是為什麼呢？

育有女兒的父母的想法向來都是以「最後只要能結婚的話，就一定能夠得到還算幸福的生活」為主流。而且，家長們也默許了「與結婚相比，家長毫不在乎女兒在社會上的自立能力」這種想法。

也就是說，由於家長們的共同認知為教養女兒的終點是「結婚後，成為家庭主婦」，所以家長們認為「在女生的生活方式中，某種程度的依賴是被允許的」。

然而，不管是什麼樣的父母，都有過「在今後的時代，使用過去的方法來教養孩子是對的嗎？」這種含糊的不安感。

有些家長會處於「傳統的想法」與「正因為是現今這種時代，所以才開始萌生的不安」的夾縫中，難以決定教養女兒的方針，您的狀況是否就是如此呢？

＊請大家思考二、三十年後的社會狀況……

我想請大家思考的問題為，當女兒長大成人後，以前那種「將結婚當成終點」的想法是否還行得通。

請試著具體設想二、三十年後的情況。

在女性就業率相當高的現在，看來還是有很多女生希望成為家庭主婦。因為經濟長期不景氣造成就業困難，所以最近「覺得回歸家庭當個家庭主婦比出去工作還要好」的女生增加了很多。純粹把這一點當成願望來思考是個人的自由。

但以現實問題來看，這是否能實現，或者，選擇了如願的人生後，是否就能安穩地生活下去？這就有點微妙了。

大約二十年後，光靠自己的收入就能養活家人（包含身為家庭主婦的妻子）的成年男性恐怕會僅剩不到一成。也有人認為搞不好只會剩下5％左右。那麼一來，想要貫徹「終點＝家庭主婦」這種想法就會變得相當困難。

而且，即使女生結了婚，但只要考慮到「最近的離婚率很高、即使沒走到離婚這一步，現今的就業情況也很嚴峻、家中經濟支柱的失業風險」等因素的話，就能夠了解到

「女性也要事先好好地思考在社會上自立的方法」這一點才是確保幸福人生的條件。

我希望媽媽們能夠先確實地理解這一點。

那麼，這世上已經有許多兼職的家庭主婦，雙薪家庭也占多數。因此，有些父母應該會認為：「就算結婚了，也可以選擇兼職的工作啊，不是嗎？」

但是，「主動選擇真正想做的工作」和「無論職業類別，只以獲得薪水為目的的工作」這兩者的意義相差甚大。而且，兼職和正職之間的薪水與雇用條件也有很大的差距。

另外，我也發現，還是有很多人都認為「因為是女性或家庭主婦，所以只要去做兼差或打工之類的工作就夠了」。如果情況如同過去那樣，沒有發生什麼狀況的話，那樣的做法應該也能生活下去吧！

但是，在今後這個未來難以預料的社會中，幾乎沒有人能夠保證，我們可以平安順利地過完一生。

因此，請大家確實地理解「萬一要自食其力時，如果只能選擇不穩定且靠不住的工作型態的話，人生的風險就會變大」這一點。

*目標是「**能靠自己的能力與實力來過活**」的女性

雖然「女兒要不要結婚」這件事得看當事人的意思和緣分，但是讓她確實擁有「無論將來的情況變得如何，都能夠在社會上自立的能力」則是父母的重要職責。如果女兒以無法自食其力為由，必須緊抓著男人才能過活的話，我想各位父母應該也不會覺得開心吧。

大家的目標應該是，教出能在社會上自立的女兒！如果要說得更加簡單易懂的話，那就是「教出能靠自己的能力與實力來賺錢養活自己的女兒」，而且這件事會直接關係著孩子的幸福人生。

「自立」，正因為大家會理所當然地提起這個用詞，所以會深入思考這個詞的人也許反而很少。因此，當母親們被問到「那麼，該如何做才能獲得在社會上自立的能力呢？」這個問題時，無言以對的母親應該會出乎意料地多。

能夠實現「在社會上自立」這個目標的要素有很多種，而且每個人所需要的要素也不完全相同。但是，說到所有女生皆不可或缺的共同基本要素的話，那就是「**智力**」和「**學力**」。為了讓女兒在今後的時代中幸福地生活，所以各位父母不能忽視這兩種人生中的基礎力量。

「即使智力和學力是不可或缺的，但理由為何呢？」現在一定有很多媽媽會那樣想吧。

智力與學力並非只是用來考取名校的工具。說到「為什麼重要」的話，其本質上的理由是：

①能夠增加人生的選項。

②會成為實現「靠自己的能力、實力來過活」這項目標的基礎。

③在緊急時刻，女性可以活用此力量來轉職，此力量可以說是一種風險迴避措施。

④從結論來說，此力量能夠提昇「實現幸福人生」的可能性。

——我們可以將理由歸納成這四項重點。

為什麼智力、學力是不可或缺的？

想要擁有幸福人生的話

就要在社會上自立

因此，什麼是必要的？

答案是 智力 和 學力

1. 能夠增加人生的選項
2. 會成為實現「靠自己的能力、實力來過活」這項目標的基礎
3. 會讓人擁有能夠在緊急時刻轉職的實力

結果 **邁向「幸福人生」的可能性 UP ！**

在社會邁向階級化的現在，父母能為孩子做的事情

＊過去、現在，以及未來的「女兒教養模式」

突然要想像二、三十年後的社會，對任何人來說都不是容易的事。因此，為了讓大家在思考將來的社會時有個參考，所以我想先說說現在的社會已經開始出現什麼樣的變化。首先，是關於女兒教養方法的變化。

「過去社會中的女兒教養方法的典型模式」與「讓女兒積極主動地學習，並讓女兒與他人互相競爭的實力主義」的方式完全相反。

有人會用「嬌生慣養」來形容那種模式。在那種悠閒的環境中，女兒會去就讀貴族女校（高中、短期大學、女子大學），畢業之後周遭的人會幫她準備好一切，讓她去相親結婚，婚後她就會一輩子都在家裡生活。這就是老套的主流模式。

即使畢業後去工作，卻打算在最初的幾年內結婚，因此這種女生無法下定決心選擇適合一輩子做下去的工作。

人們現在已經逐漸不再使用「適婚期」這個詞，如果女性在「適婚期」所代表20～25歲趁著結婚這個機會而辭去工作的話，人們還是會給予祝福，並恭喜她離職，但女性要是過了這個時期還待在職場的話，就會被人暗地嘲笑是「錯過適婚期的老姑娘」等等。

不過，現在不一樣了。女性的升學率逐漸攀升，四年制大學和短期大學合起來的大學升學率已超過50%的大關。從「除了重考生以外的學生」的大學升學率來看，女性的升學率已經超過男性。而且，無論是否為女性，年輕人們都會去挑戰嚴峻的求職戰線

像這樣，**現在無論是學習還是選擇職業，男女之間已不存在界限。我們也可以說，即使是女性，也會置身於「透過實力來競爭」的環境中。**

如果您的女兒還是小學生的話，有的人也許會覺得只剩十幾年就要面臨那種情況，有的人則會覺得那是很久之後的事。但如今我們已身處在「即使不喜歡也得意識到這些事的時代」。我們應該老實地承認「當小孩實際成為社會人士時，社會將會變得更加嚴峻」這項預測。

＊在M型社會持續惡化的未來，等待我們的是？

另一方面，我們從數年前開始就頻繁地聽人提起「M型社會」這個詞。貧富差距、職業差距、福利差距、城鄉差距、學力（歷）差距等等，社會上到處都有「差距」問題。當然，教育也變得讓人覺得有「差距」了。

差距加深的社會，必定會逐漸形成「階級社會」。階級社會指的是，「數個因差距而區分出來的階層同時並存的狀態」。像美國就是典型的階級社會國家。「國內的社會會形成階級社會嗎？不管怎樣，也還不至於像美國那種程度吧？」我似乎能夠聽見這種意見，我就稍微說些美國的情況來提供大家參考吧。

我到美國的堪薩斯州留學是距今約二十年前的事。雖然美國的社會型態比國內進步約十年或二十年，但是在M型社會化和階級社會化方面，我們也可以說出同樣的話。當時國內幾乎沒有意識到「社會的階層化」這項問題。因此，當我親眼看到美國的情況時，我發現美國社會的貧富差距很明顯，根本不能和國內相比，並感到很驚訝。

舉個例子，從家計方面來說，在M型社會中，如果中下階層不是雙薪家庭的話，就無法維持家計。他們光是要求溫飽就很不容易了，生活當然不可能很充裕。對於那樣階級的人來說，不單是職業，就連生活上的所有選擇也都極為有限。

因此，除了開車到外地進行家族旅行（甚至連飛機都不曾搭乘）之外，「從沒踏出堪薩斯州一步，僅在非常狹隘的地方社會過完一生」的例子也絕不罕見。

階級社會的特徵在於，中下階層的人只和中下階層的人往來，上流社會的人只和上流社會的人往來。能選擇的伴侶候選人只限於同階層的人。像這樣，同一階層的人關係會很緊密，能夠和不同階層互相交流的人非常少。貧窮階級的小孩只能和貧窮階級的人結婚，一輩子幾乎都無法擺脫貧困的生活，這就是我當時在美國看見的嚴峻現實。

話說回來，「美國夢」這個詞彙最近雖然聽人提起的次數減少了很多，但這個詞曾是我們會隨口提起的。以國人的感覺來說，大多會想像這詞彙只是用來表達「實現自己的夢想」那種單純的心情。

但是，由於在現實中，如果沒錢的話，甚至連學歷也無法取得。

因此，這個詞彙是用來表達「成為職業運動員或音樂家後，擺脫了階級的束縛」那種實現機率有如中樂透般的夢想故事。當我一發現美國階級社會的那種實際狀況後，接著我便察覺到，這個詞彙除了能讓人深深感受到「必須要設法靠自己的力量來逃離那種嚴重的窮困現況」這項決心，還帶有「宛如來自地底深淵的吶喊般」的痛苦之聲。

＊電影『麻雀變鳳凰』般的幸福並不存在

1990年上映的美國電影『麻雀變鳳凰』在過了二十多年後，依然膾炙人口。這個由主角李察・吉爾（Richard Gere）和茱莉亞・羅勃茲（Julia Roberts）來詮釋的灰姑娘故事抓住了全世界女性的心。只要一聽見羅伊・歐比森（Roy Orbison）所演唱的主題曲，應該就有不少人會想起令人印象深刻的片段吧。

為了知道這部電影名字卻沒看過電影的人，容我介紹一下故事內容。

紐約富商路易斯（李察・吉爾）是一位親自負責收購各個公司等事務的超級菁英。他在洛杉磯偶遇應召女郎薇薇安（茱莉亞・羅勃茲），並以高額報酬當作交換，委託她在一星期內和自己一同行動。其中，也包含一同出席重要的商業談判。

因此，為了讓薇薇安立刻變身成貴婦，路易斯買了超高級時裝給她，並請人教導她貴婦的言行舉止。路易斯與化身為完美淑女的薇薇安共度了夢幻般的時光。然後，眼看一個星期的契約期限將要結束的時候，這兩人的關係究竟會變得如何呢……故事內容大致上就是這樣。

許多人會把這個故事當成令人緊張得心跳不止的現代版灰姑娘，並緊盯著兩人之間萌生的愛意般的東西最終落在何方。

但是，請大家再好好看一次這兩人的設定。

其中一人是能幹的商業菁英，另外一人則是應召女郎，也就是會在路上拉客的妓女。這完全是「階級社會中的上流社會人士與中下階級民眾相遇並相愛的故事」。不過，由於這是在電影裡才會發生的故事，所以事實上在美國，這種灰姑娘故事大致上是不會發生的。

原因就如同我先前所說的那樣，在階級社會裡，差距過大的階級並不會有相遇的機會，中下階級的女子甚至連「被上流社會的男子看上」的機會都沒有。

但是，我們只要仔細想想的話，就會發現，假使這是到處都會發生的故事，就不會特別被拿來當作電影題材了。正因為是現實中不可能發生的事，或者說，正因為那是一個「如果不去當妓女的話，就沒辦法和菁英邂逅」的社會，所以才顯得有戲劇性。

如果以娛樂角度來欣賞的話，不管有什麼樣的見解都無妨，但我認為如果女兒把理想和現實混為一談，並過度沉迷於這種灰姑娘故事的話，便會讓人有些擔心。

現在，日本還有「白馬王子之願」這種情況。就算表面上沒說出口，但我想這種願望絕對潛伏在不少人的內心深處。即使如此，由於這是個人的想法，因此抱持這種願望也是個人自由。

但是，教育女兒的媽媽如果有「如果將來有白馬王子會出現在我的孩子面前的話，那就太幸運啦」之類的輕率想法的話，應該就會是個問題吧。「女生只是站在那裡，可能就有王子會對她一見鍾情，讓她一輩子過著幸福的生活」——這實在是類似幻想的觀念。

接下來，話題會變得有點嚴肅。重點在於，大家要去察覺「隨著目前所生存的時代與社會的改變，女生能夠獲得幸福的方法本身也會改變」這一點。

＊國內已經開始轉變為階級社會！

那麼，重點所在的國內情況又是如何呢？我在堪薩斯州強烈感受到「國內將來如果不會變成這種階級社會的話就好了」這一點。但是，很遺憾地，在那之後過了二十年的現在，那種傾向也確實地在增強中。

舉例來說，大家可以試著思考「與伴侶相遇的模式」。「在集結了一流社會人才的外資企業中，男性會和同公司的女性結婚」這種現象越來越多，而且「醫生彼此結婚、律師彼此結婚」這種同一階層者彼此結婚的例子也正在逐漸增加中。

如果是以前的話，「女生是否有被培養成好妻子」這一點是擇偶的標準之一，也是一項格外重要的因素，而且媒人也會特別強調這一點。以妻子這個角色來說，太出色的女性常會令人敬而遠之。

但是，**現在有越來越多的男性會把「女性所具備的能力」當成擇偶的判斷標準**。女性在擇偶時，會採取「選擇能力與自己相同甚至更強的男性」這種想法也是理所當然的。這種變化也是導致社會階級更加固定不變的原因之一。

這種傾向並非僅限於大人世界。現在有越來越多小孩會參加小學、國中，以及完全中學的入學考試，並進入有名的私立學校就讀。

另一方面，在這種情況下，由於寬鬆教育政策導致公立學校教育的學力持續下降，所以有些家長會放棄公立學校教育。家長為了讓孩子接受可靠的教育，所以會選擇「讓孩子就讀私立學校」來當做自衛手段。

結果，學校就會分成公立和私立兩大團體，而且人們又會各自將公立與私立學校分成上中下三個等級，因此這也可以說是一種階級社會的現象。

想當然耳，如果要讓孩子就讀有名的私立學校的話，勢必需要龐大的教育費，因此，從經濟層面來看，一般來說，孩子的父母會位於階級社會的上層。

另一方面，孩子們會按照報考學校的等級來就讀類似的升學補習班，在相同的校風裡學習共同的價值觀，並持續成長。

就讀「排名越前面、越難考的學校」的學生，越不會和不同等級的學校的學生產生互動。

據我所知，「東大生與同樣身為東大生的人交往」這種情況比「東大生與就讀其他大學的人交往」來得多。看來我們似乎可以說，從孩提時代開始，孩子就會透過學校和補習班來和生長背景相同的人形成階級，而且出了社會之後，還是會持續擁有相同的傾向。

＊在嚴峻的社會中，為了讓孩子得到幸福

有些家長光是聽到「M型社會」、「階級社會化」之類的話，心情就會變得很沉重。當然，我也知道，人們對於「階級社會的形成」有很多種看法。事實上，我在美國也曾想過「真不希望日本變成這種國家」這一點。如果要針對利弊來說明的話，我應該能夠以此為題材寫成一本書吧！

不過，我希望各位媽媽了解的是「就算階級化有好有壞，父母還是不能忽視『我的孩子必須在那種社會生活下去』這項事實」。

當我們在爭論著要承認或反對階級社會時，小孩在轉眼間就會長大成人。如果大家問我，為人父母者要如何善用「孩子以社會人士的身分自立前，這段看似漫長實則短暫的時間」的問題，我的回答如下。

「由於『這個孩子必須在嚴峻的社會中生存下去』這一點是無法改變的，所以我必須認真思考『要如何做，才能讓孩子變得幸福』這個問題，然後採取行動。」為人父母能做到的事、該做的事，不就是這樣的事嗎？

老實說，即使對各位父母說明有多嚴重，大家似乎也不大喜歡聽，但是依我來看，「無視社會的嚴峻，並對社會的變化漠不關心的兒女教養方式」會令人感到更加害怕。

為了教出「幸福的女兒」，父母能做的事

差距擴大中

社會階級化

社會變得越來越嚴峻

你的對策是？

告訴孩子	什麼也不說

從孩提時代就開始 掌握智慧和實力 **變得幸福！**	長大成人後才知道 社會的嚴峻應付得 **非常辛苦！**

即使是小孩子，父母在教養時只要能委婉告訴孩子世間的嚴峻，讓她理解這種情況，她的人生發展就會完全不同於在無知中長大成人的女生。

對孩子來說，不用說也知道哪個比較幸福。前者掌握了能成功開創自己人生的智慧與實力，後者則要到長大成人後，才會親眼見識到社會的嚴峻現實，而且大概會無法適應社會，應付得很辛苦吧。

如果不了解社會的嚴峻現況，就會是一種損失——在教育孩子時，唯有這點是可靠的。只要了解這個道理，就能降低人生的風險。

「智力與學力」是自立的關鍵

＊與其等待王子殿下，不如自己抓住幸福吧

先前我們提到「智力」、「學力」這兩者會成為女生建立幸福人生的基礎。

在階級化的社會中，如果想要讓她盡量走在幸福的人生道路上的話，「讓女生自己的實力也增強」可以說是最好的辦法。

在此，我想要再次強調，為了讓您的孩子從事想要的職業、為了讓孩子得到一輩子的工作，「智力」與「學力」是孩子所需要的護照——也就是「自立的關鍵」。

到目前為止，我已針對社會的變化做了很多說明，但重點還是「今後女生光靠等待是無法獲得幸福的」這一點。如果真的想要變幸福的話，就要盡力地努力磨練能力。要具備足以自立的實力。關於這點，不管男生還是女生都一樣。

舉例來說，只要觀察最近名次排在前面的私立女子高中的話，就會發現，私立女子高中考取東大的人數比私立男子高中還要多。

當這種學校徹底實行「即使是女生，學力也要和男生一樣」的教育方針後，「不能因為是女生，就認為不必學習也無妨」的想法也會滲透到學生們的內心。在這種校風中所培育出來的女生出社會之後，其能力就會不斷地提昇，並活躍於許多領域。

不過，我並不是要說，為了讓孩子掌握智力、學力，就無論如何都必須要讓孩子進入名列前茅的私立學校就讀。

在成長過程中，要讓孩子對自己的未來有明確的目標。父母則要好好地擔任支援的角色。如果能做到這一點的話，孩子也有機會從公立高中升上以第一志願為首的難考大學。「沒有讓孩子念著名的私立小學，也沒有特別考慮讓她接受國中入學測驗」（編註：日本為九年義務教育制度，但若想進入名校就讀則必須接受入學測驗）的家庭，也完全不必因為這樣就對女兒的將來感到悲觀。在這個國家中，您的女兒還是很有可能會在考大學時名列前茅，而且您一定可以找到最適合孩子的方法，並藉此來增強孩子的實力。

「與其等待，不如前進。」我希望大家能夠好好地引導孩子，讓她不要為了等待王子到來而停下自己的腳步。

＊「**學力**（**學歷**）Ａ＋」**會成為自己的武器**！

我曾說過，想要讓女兒獲得幸福的話，「學歷」會是一張最重要的護照。

如果目光短淺地去解釋這句話的話，往往就會變成「這樣啊，只要提昇學歷就行了對吧」。但是，很遺憾地，那是錯的。

我希望大家注意到，雖然「學歷」是獲得幸福的前提條件與必要條件，但光靠這項條件，並無法變得幸福。

不管學歷再怎麼高，「只會唸書」也就是所謂的「書呆子」類型的人，在求學階段應該會被稱為高材生吧，但出社會之後，這種類型的人也很有可能會突然轉變成「無能之輩」。

因為我長期參與考試指導，所以我知道某些情況。由於與男生相比，女生的個性特別認真，所以有一定數量的人一下定決心「要努力唸書，讓成績進步」的話，就不會再分神注意其他事。當然了，努力唸書固然很好，但如果連報紙都不好好看，對社會情勢也漠不關心的話，也會讓人傷腦筋。

另外，一旦想法轉變為「只要會唸書，其他事情都無所謂」這種捨棄型想法的話，人格就無法變得豐富。對女生來說，「只要會唸書，捨棄人格魅力也沒關係」這種想法是致命的缺點。

更深入地說，女生之中會有很多「完全聽從老師的話去做，而且不會針對唸書方法下功夫」的高材生，與會針對唸書方法下功夫的人相比，這種人的學歷明明很高，但成為「無能之輩」的風險似乎也很高。

對女生來說，「學力A＋」這種想法非常重要。

長大成人後，會造成差距的，恐怕就是「A＋」的部分吧。成為社會人士後，會被稱為『出色女性』的，不會是只有書呆子這點可取之處的人，而是既會唸書又精明，而且「A＋」的部分很豐富的女性。

那麼，什麼才能稱得上是「A＋」呢？當然，確實學好「禮儀和行為舉止」是非常棒的事，但「理智」和「社會性」是更重要的關鍵字。

試著想想「人會在什麼時候覺得『這個人真是理性啊』」，可能就會比較好懂。當我遇見能夠擁有自己的見解和想法的人時，無論對方的年齡、性別如何，我都會深深覺得：「這個人既理性又聰明。」這種感覺不僅限於對方在聊專門領域的話題時，當對方在日常生活中隨意地閒聊時，我反而更能強烈地感受到那種特質。

長大成人後，不管看了多少本教戰手冊，也無法輕易培養出「對事物採取這種見解和看法」的習慣。我們就算說「從孩提時代開始累積的東西能提升理性等級」，應該也不為過吧。

舉例來說，與孩子一起看電視時，父母不要將評論員說的話囫圇吞棗，而是要做出思考「雖然電視上那樣說，但那是真的嗎？」的樣子給她看，而且那樣做也是一種培養思考習慣的方法。

當父母總是表現出這種見解和看法時，父母就會成為孩子的榜樣，孩子本身也會變得能夠用自己的腦袋來思考，並表達己見。

現在的孩子很容易在友誼關係中受到同儕壓力，常會很難表達出自己的意見。但是，說出自己的意見完全不是壞事。

我們不應在表面上同意並順從社會大眾所說的事情，而是應該抱持疑問、提出異議。如果做不到這一點，就只會陷入「和大家一樣」的狀況。在階級社會的現實中，如果「和大家一樣」的話，便無法獲得幸福。

正因如此，在教育孩子上，「父母確實地向孩子說明**向他人表達己見的重要性**」這一點是非常重要的。

我經常聽人說，現在的小孩溝通能力很差，令人擔心。如果無法表達自己的想法的話，就無法擁有良好的溝通能力。

還有，我認為在追求理性時，也應同時考慮到「關懷」和「感性」。缺少這些特質的人個性很死板，無法給人好印象。不管再怎麼會唸書，如果被人認為「那個人真冷淡」的話，連「很會唸書」這點都會被評價為扣分因素。

＊女生的上進心能讓社會變得有活力

稍微將視線轉向世界諸國吧。在各個先進國家中，女性就業率比國內更高，而且在政治、經濟、大學等高等教育的世界裡，她們都能發揮自己的能力。在美國、歐洲、北歐等地方，女性菁英的存在是理所當然的事。

然而，直到現在，在國內提到「菁英」時，指的主要還是男性。這代表女性菁英就是那麼少，在這層意義上，國內是很落後的。

現在各國都為了生存，而在國際社會中奮鬥。大家也曾在新聞上看過，國內在各方面都處於苦戰吧。在政治和經濟方面，由於成果一直不如預期，所以等級會逐漸往下掉。

社會上正盛行「都是政治家的錯、都是企業家的錯、都是△△的錯」這種議論。

由於我也喜歡思考很多事情，因此我也會關心這類議題。我會想：「說不定由男性主導的這個社會體系本身就有問題？」、「能拯救社會困境的，難道不是優秀女性的能力嗎……？」

在政治界中，女性的從政人數的確達到了某種程度。只不過，我們只要觀察國政，就會發現，每到選舉時，來自娛樂圈、體育界等「和政治毫無關聯的世界」的女性候選人就會出現。或許，那樣做能夠獲得選票。

但是，這個人有沒有政治理念呢？這個人擁有合乎邏輯的想法嗎？這個人會不會只是一個「只會對政黨或派系言聽計從，而且很好利用的吸票機器」呢？……會想得那麼複雜的人應該不只有我對吧。

正因為現狀如此令人遺憾，所以我才會將期望寄託在「將來會成為社會人士的女孩」身上。我希望國內的女孩可以更有自信一點，並訂立更高的目標。對女孩來說，政治、經濟、學術研究都不是遙遠的世界。

相反地，我認為「女性接連進入菁英層級」這一點也會使國家的樣貌有所改變。如果您還有「因為是女生，所以不用讓她做到這種程度」的想法，就在這裡改過來吧。

「兼具智力與學力的女生的上進心，會成為改變社會的力量」這點不會有錯的。

各位家長首先要做的是，每當有機會時，就把剛才用引號標示起來的部分融入與孩子之間的對話中，並如同口頭禪般說出那些話。在這種不經意的言詞影響下，孩子就會產生變化。

＊目標並非大學、公司的知名度！

在教養女孩方面，有一件事希望大家能注意到。那就是，「拼命唸書，進入好大學、名聲響亮的企業」並不是終點。

我先前也曾稍微提過，以「在學校內聽從師長教誨，並孜孜不倦地唸書」這方面來說，女生比男生更優秀。但遺憾的是，很多女生進入大學後，就會因此滿足，並認為已經達成人生目標。

會造成這項錯誤的原因在於，她們沒有正確地理解人生，在人生中，重要的不是體面的「頭銜」，而是能夠表示自己學到了什麼、掌握了什麼、實際上能夠做到什麼的「實力」。

就算大學合格了、就職考試合格了，這些也不過是人生這個過程中的其中一個關卡而已。如果女生在二十幾歲時，就誤以為自己已經達成人生最終目標的話，之後的人生就會變得非常辛苦。

為了避免變成那樣，所以我希望媽媽們能夠具備**「不僅能夠關注眼前的事，也能夠看透漫長人生」**的能力。

當然，當孩子還小時，大概還是會遵照老師或父母的建議去唸書吧。為了養成唸書的習慣，所以這項步驟是很重要的。

但是，這項步驟最後必須變成**「不要只是仔細地照著別人的話去做，還要親自訂立一個合適的目標，並一邊用自己的腦袋來思考唸書的方法，一邊前進」**才行。

如果沒辦法順利迎接這個變化，就算長大成人，也會變成典型的「等待指示的人」，若是上司沒有下達指示的話，就什麼都做不到，也不知道該朝著什麼樣的目標來努力才好。

在社會上，這種類型的人是不怎麼受歡迎的。

在人生中，重要的事情就是：學會如何訂立「以努力學來的學力為基礎，在社會上活躍」這樣的目標。在這點上，請媽媽們務必要依照孩子的成長情況，好好地給予協助。

第 2 章

擺脫「過去的價值觀」

今後應該讓女生學更多！

＊NG的想法：「女生不用做到那種地步也無妨……」

透過到目前為止我所說過的內容，我想大家應該已經充分理解「女生如果光是等待『在經濟上能依靠的人』的話，是無法獲得幸福的」這一點了吧。只要女生自己不把『依賴體質』改成『自主體質』的話，就無法開創人生，父母也無法放下心中的石頭。

由於育有兒子的母親原本就沒有「將來孩子或許能讓別人養」的退路，因此會比較想要讓他自立。但是，如果教養的是女兒的話，父母的想法似乎無論如何都會變得很天真。

很多父母所展現的教育觀是「因為是女孩，所以不用那麼努力也沒關係」、「因為是女孩子，所以目標不用訂得那麼高也沒關係」之類的教育觀。但是，「因為是女生，所以不用努力也沒關係」的根據是什麼呢？

是因為「女孩子的幸福就是嫁為人妻」這種觀念到現在還很強嗎？但是現在並非是

以前那種「女生沒有自力更生的能力，當一個家庭主婦就能一輩子安心生活」的時代。

是因為大家相信女生的能力比男生還差勁嗎？在有關女生的想法中，這一點也是令人感到非常遺憾的誤解。女性能力比男性差勁的觀念毫無根據。

「是否做得到某件事」與性別差異無關，始終都會取決於「個人之間的差異」與「生長環境的差異」。

那麼，是因為斷定「會唸書的女孩不受歡迎」嗎？這也不得不說是相當老舊的觀念。

在目前這個時代，觀念早已改變，人們看好的是「能夠在現實社會中發揮作用的能幹女性」，而不是「只有外表可愛，卻沒有內涵的女性」。社會上有多少人會覺得那種受到「以電視為首的媒體所散播的低廉價值觀」影響的女性有魅力呢？

你有沒有這種想法？「完全不行的」價值觀

老舊觀念	完全不行的原因
女孩的幸福是嫁為人妻	現在不是那種「當個家庭主婦就能放心地生活一輩子」的時代！
女生的能力比男生還差勁	女性的能力比男性還差勁，這點毫無根據！
會唸書的女生不受歡迎	現在的人看好「能夠在現實社會中發揮作用的能幹女性」！

要注意！

如果抱持「因為是女生，所以不用努力唸書也無妨」這種老舊觀念的話，女孩就無法開創人生。

育有女兒的媽媽們的價值觀在今後大概會持續朝兩極化發展吧。一種是，能夠看清孩子長大成人時的情況，並採取行動，以確實地提昇女兒的學力的類型。另外一種則是，持續地抱持著「因為是女孩子所以……」那種墨守成規的價值觀的類型。

在這兩種想法中，大家會選擇哪一種呢？我希望您務必要深思熟慮地研究這個問題。

＊即使時代很嚴峻，能夠接納傑出女性的地方還是會逐漸增加。

在伸手拿起這本書的媽媽當中，應該也有年齡在三十歲～四十五歲左右的人吧。三十歲～四十歲的話，剛好就是大學剛畢業的時期和就業冰河時期產生重疊的世代，俗稱「失落的一代」。

在這個時期，社會景氣低迷，出現了很多就算是出自名門大學也無法如願就業的人。大約從這個世代開始，高學歷的飛特族（非穩定的自由工作者）和非正職人員的數量開始增長，而且那種趨勢仍一直持續到現在。

另一方面，也有人在這種情況下進入知名企業工作，而且之後的人生道路也很順遂。即使和同樣都是大學畢業的人相比，兩者間仍有相當顯著的差距。

因為有這種事情，所以也有不少人抱著「雖然在學生時期有好好唸書，並努力求職，但最後還是沒有獲得回報」的想法；也有人會不滿地說：「雖然個人在唸書等方面做了很多努力，但獲得的報酬卻很少。」媽媽們自己覺得如何呢？心裡的某處，是不是也有「唸再多書也沒有用」的灰心念頭呢？

的確，與之前的世代相比，整體來說，此世代所處的狀況也許更加嚴峻。但是，就算處在同世代，不努力唸書的人、看輕社會，並對工作敷衍了事的人，下場會更加更加悲慘，我希望大家能夠好好掌握這一點。

因為大家都經歷過嚴峻的時代，所以大家是要陷入「即使努力也沒用」的自暴自棄模式，還是要從中獲取教訓，認為「**正因為是嚴峻的時代，所以才能發揮努力和能力；要透過掌握可靠的學力來減少風險**」呢？

在教養「生存於今後時代的孩子」方面，媽媽本身所擁有的價值觀會成為非常重要的關鍵。請務必將努力的重要性告訴您的孩子。

不過，對「生存的時代比母親一代還要嚴峻的孩子」來說，將來的社會是否會變得完全沒有希望呢？

說到這一點的話，我認為並非如此。我會這麼說，是因為**在國內，能接納能幹女性的地方也會隨著時代而增加**。

以和我有所關連的領域來說，不管是醫療界，還是在大學研究所任職的研究員的世界，工作環境都已經有所改善。女性的在職年數不會因結婚或生產而中斷。藉由引進「即使暫時休職，幾年後也能再度銜接在職年資的體系」，這種例子也變得比以前更多。

今後，這種趨勢應該會更加擴大吧。由於社會需要能幹的女性，而且傑出的女性會變得越來越多，所以這個社會肯定也會變得越來越容易讓女性生存下去。

＊請將「追夢人的飛特族」這個選擇當做不存在

「我希望孩子能實現自己的夢想。」有很多父母會這麼說。表面上，這句話給人非常積極向前的印象，但潛藏在父母那句話背後的天真認知，卻讓我非常在意。

對孩子說「要有夢想」不是一件壞事。我不會否定擁有夢想這件事。但是，實際上，由於不斷說「要有夢想」的父母並沒有具體地教導孩子任何事，因此孩子會感到非常困惑，而且將來也會很辛苦。

我們必須教會孩子的，是**父母對「在現實社會中要怎麼生存下去？為了在現實社會中生存下去，必須具備什麼條件？」這件事的見解**。這是家庭教育中非常重要的核心部分。

尼特族（不升學不就業的青年族群）和飛特族已經不僅是個人問題，而是社會問題。大家應該都有聽過關於「尼特族、飛特族高齡化」的報導吧。在適用這種稱呼的人當中，目前最高的年齡層是四十幾歲。

當那個現在「四十幾歲」的一代還很年輕的時候，雖然大家都知道尼特族和飛特族的存在，卻不認為這件事非常嚴重。因為大部分的人都認為：「這大概是年輕時代的暫時性現象吧。」

可是，第一代的尼特族、飛特族，並不是僅限於人生某個時期才會出現的暫時性現象。他們在那個時期之後也會一直維持那種狀態，無法擁有固定職業，甚至得不到出社會的契機，就這樣進入四十歲。比他們年輕的世代也會出現相同的現象。

當然，被稱做飛特族或尼特族的人都各有內情，大概也有人是因為身心健康有問題而不得不那樣做吧。

因此，我無法一概而論。但我至少可以說，讓孩子擁有「不用為了在現實社會中生存而去學習、努力，也不用在意經濟上的自立，只要為了追尋自己的夢想而活就行了」這種想法是很危險的。

距今三十年前的時候，在大學時代追尋著自己的夢想而沒有好好上課的學生，在那之後也找到了自己的生存之道，並得到了賴以維生的職業。

但是，隨著時代的變遷，「不管到了幾歲，還是無法脫離追夢人的狀態，而且也無法自立的人」增加得非常多。

即使如此，四十幾歲的尼特族、飛特族還是能夠靠著「父母以富裕時代為後盾而累積下來的財產」活到了現在，即使父母退休後，還是能夠靠父母的養老金來生活。

但是——雖然這又會使話題變得嚴肅——現在三、四十歲且育有小孩的人的狀況和他們父母親的那個時代的狀況不同。

他們會逐漸難以給予「年老後仍舊無法自立的孩子（想當然耳是成年人）」經濟上的支援；如果把眼光放得更遠的話，當他們變得需要照護父母時，整個家庭就很有可能會失去所有謀生方法。

沒有好好學習，沒有付出在社會上生存下去所需的努力，持續地一味做著天真的夢想——如果生活方式變成這副模樣的話，孩子應該就無法找到擺脫尼特族、飛特族狀態的方法吧。雖然在教養女兒的觀念上，大家仍傾向於「不用太常告訴她嚴峻的現實」，但那種觀念完全不是值得讚許的事情。

＊如果想認真地實現夢想的話，就得「身兼二職」。

孩子擁有將來的夢想是無所謂。但是，若孩子想認真地實現夢想的話，父母就應該簡單易懂地告訴她：「長大成人後，『能單靠自己的力量，不去依靠父母的援助或其他社會福利措施來維持生計』這一點是很重要的。」

稍微來說點我自己的事吧。我的本職是精神科醫生，但其實我還有另一個身分，那就是電影導演。另外，我還兼任考試顧問與作家，一年四季都沒有休假，忙於工作。

我從高中開始就非常喜歡電影，學生時期我曾在電影拍攝現場幫忙。

「無論如何，我都想拍出自己的電影啊。」

這是我在高中時期認真懷抱的夢想。然後，為了實現這個無法放棄的夢想，我報考了大學的醫學院。

那是因為，為了在將來實現電影導演的夢想，所以我必須有一份「不依靠別人，而是能夠自力更生的職業」，一份「足以靠自己的收入來多少提供一點製作經費的職業」。

由於我的父母一輩不會像現在的父母那樣寵愛孩子，所以他們的教育方針是：「想要做的事情就要靠自己來實現。」我也一直認為這是理所當然的。多虧如此，在過了五十歲的現在，我可以不用捨棄高中時期的夢想，並在２０１２年的夏天完成了第二部電影。

在我認識的人裡，也有一個很喜歡古典樂的人，他一直懷抱著無論如何都想成為指揮家的夢想。這個人從醫學院畢業後，就進入音樂大學就讀，兼顧了醫生和音樂的工作。

不過，「聽了這種小故事後，對身兼二職表示不認同」的人還挺多的。相較於多才多藝者，社會似乎更喜歡一心一意地走一條路的專家。

但是，多才多藝者有那麼糟糕嗎？我完全不這麼認為。放眼國外，完成學業之餘還能在好幾個領域中發揮才能的人，反而會比專家更受讚賞。像我去國外的話，就會有很多人對「我身兼精神科醫生的同時還拍電影」這件事很感興趣。

舉個例子來說，當你選擇專心追夢的生活方式時，即使你想要賺取生活費，但是在國內，任何種類的打工薪資都很低。薪資一旦很低的話，工作時間就必須拉長，結果，就會變得幾乎沒有時間可以花費在夢想上。這麼一來，就本末倒置了吧。

或者，也有人會說「為了實現夢想，就算把時間分配給唸書也沒有用，所以干脆就不要升學」。但是，如果連最基本的學歷都達不到的話，即使出了社會，謀生方法也會非常有限。

那樣地思考後，我想大家應該能夠了解到，我們應該要透過人生的長期觀點來判斷**「在高中時期踏實地唸書、準備考試，好好地從大學畢業」這件事是否真的沒有用嗎？是否是毫無意義地在繞遠路嗎？**

身為父母，就不該支持那種「自稱專家，但卻輕視學業」的生活方式，而是要向孩子指出，那種「**學業＋實現夢想**」的多才多藝型生活方式是存在的。如此一來，孩子在選擇生活方式時，也會有較多的選項，而且這樣做至少能夠讓孩子避開不穩定的飛特族人生。

為了避免讓重要的夢想消失在半吊子的天真生活方式中，所以「自立」是最重要的前提。在未來情勢很不穩定的時代中，希望您能將此視為「能夠避免讓孩子淪落為尼特族或飛特族，並幫助她實現夢想」的參考例子。

讓女生的才能成長吧！

＊到現在還認為「女生不用唸書沒關係」!?

在國內，長期以來，比起男生，女生一直都處於懷才不遇的情況。「因為是女生，所以不用唸書也沒關係」、「因為是女生，與其唸書不如去幫忙做家事」、「因為是女生，所以不可以表達己見」——人們會藉由「因為是女生」這項理由來強力灌輸「別太出鋒頭」這項觀念。

說到「為什麼人們會把這種觀念灌輸到女生身上」的話，那是因為過去的社會奉行「大男人主義」，所以人們必須經常保持「男性的地位比女性高的狀態」＝「男性為主、女性為從」。

但是，這是男性這邊過於單方面的藉口。說到「這是怎麼回事呢」的話，答案則是，在現實中，孩提時代的成長有性別的差異，女生總是成長得比較快，而且這是一種古今不變的生物學特徵。

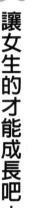

所以從孩提時期開始，女生如果在能力方面展現出優於男性的天性的話，男方就會沒有面子。在生物學上，由於男生在孩提時代常會處於劣勢，所以男性為了想辦法不讓這種現象太明顯，會利用先人的戒律來打壓發育旺盛的女生。

這是否才是真相呢？

長大成人後，男性也會持續不斷地壓迫女性，並建立讓男性掌握社會核心的穩固體制。由於父母也會迫於社會整體的潮流而無法違抗這種現象，所以父母反而還會率先不斷地告訴女兒「要有女孩子樣」這種話。

在這種話當中，最重要的警語就是「（如果沒有女孩子樣的話，）就會一輩子都嫁不出去喔」，這句話會讓女生感到非常厭惡，甚至會讓女生覺得「要是被人那樣說的話，就完蛋了」。

在無法像現代那樣自由選擇學業、職業的時代，對女生來說，嫁人才是主流。正因如此，所以這句話會連續不斷地扼殺女生「剛萌芽的才能」。

當然，就算是在當時，應該也會有「不受性別影響，單純地想要發揮能力的女生」。但是，在社會上，那種願望大多不會獲得認同。

因此，當時的傑出少女完成學業後，如果不想讓自己的才能被埋沒的話，唯一的方法就是到國外尋找能夠發揮自己才能的舞台。試著想一想，就會發現，不能讓她們在國內發揮才能是一件很令人遺憾的事。對社會來說，這件事應該會造成「女性就業環境的改善速度變慢」等重大損失。

以現代人的觀點來看，這也許是非常令人驚訝的事。然而，可怕的是，長年灌輸在國人身上的價值觀還是相當頑強地保留了下來。

所以，就算父母沒有那種陳舊的價值觀，但是當女生在家庭外時，還是很有可能會受到「女生還是順從點比較好」、「會唸書的女生不可愛」，或者是「擁有明確自我主張的女生給人的感覺很糟，而且不討喜」等錯誤價值觀的影響。

對有錯誤價值觀的人來說，「價值觀與自己不合的女生」的存在本身就很無趣。由於發生那種情況時，女生無論如何都會做出互相扯後腿之類的低級行為，所以我希望大家能夠盡量避開這種事。如果在媽媽沒注意到的時候，孩子就被這種價值觀給束縛住的話，孩子積極向前的心情應該也會逐漸減弱吧。

為了不讓孩子輸給來自周遭的否定壓力，該怎麼做才好呢？

因此，各位媽媽一定要確實地告訴女兒「**即使是女生，也可以奮發學習**」、「**會唸書是非常棒的事，這也會成為將來的助力**」那樣的價值觀。孩子若確實繼承了父母所傳達的價值觀，就能夠不在乎周遭的意見，並帶著自信，專心地唸書。

*比「高材生」更重要的事

父母與女兒本身對於『專心唸書的方法』有各種價值觀。在這當中，有的人雖然被稱為所謂的秀才，但是其價值觀卻會讓人覺得很陳舊。這就是我們俗稱的「高材生」。

這些「高材生」會忠實地完成老師說的事，把「在考試中拿高分」視為最大目標，她們可以說是正統的秀才。她們的天性非常認真，會老實遵循別人的話，擅長孜孜不倦地持續工作。

但是，另一方面，秀才常常會在努力唸書的時候變得只知道唸書，毫不關心讀書以外的事情，而且視野容易變得狹小。

「只要能完美解決眼前的課題或考試就夠了。只要會唸書，就夠了。」如果女生有這種價值觀的話，無論如何都會變成如此那般。不過，相對地，這會讓人覺得她對「發揮既有企圖心又旺盛的力量，並使勁地往上爬」這件事沒什麼興趣。

在男生中，不可能沒有這種類型的人。但是，根據我長年擔任考試顧問的經驗，我認為這種類型的人大多是女生。將男生和女生相比時，女生會比較遵守規定，而且「確實完成別人交代範圍內的事」的傾向會比較強。我認為，如果有教養過兒子和女兒的話，應該就會明白這一點。就算在讀書這方面，「依照教戰手冊來完成事情」這一點還是女生比較優秀。

為人父母者往往會安心地說：「因為她能在學校拿到好成績，所以這樣就夠了。」但是，在孩提時代就算父母認為那樣就夠了，孩子長大成人後，情況還是會變得稍微不同。

時常聽人提起：「高學歷的人沒有用。」這種發言也是非常容易讓人產生誤解的原因。正確來說，這句話的意思並不是「高學歷的人全部沒用」，而是「其中的傳統型高材生沒有用」。

出了社會的話，就沒有老師會總是搶先一步到達前方，並告訴我們該做什麼才好。如果工作單調到只要反覆地完美達成同樣事情的話，對秀才來說或許沒有問題。但大

要注意！高材生是「無能之輩」

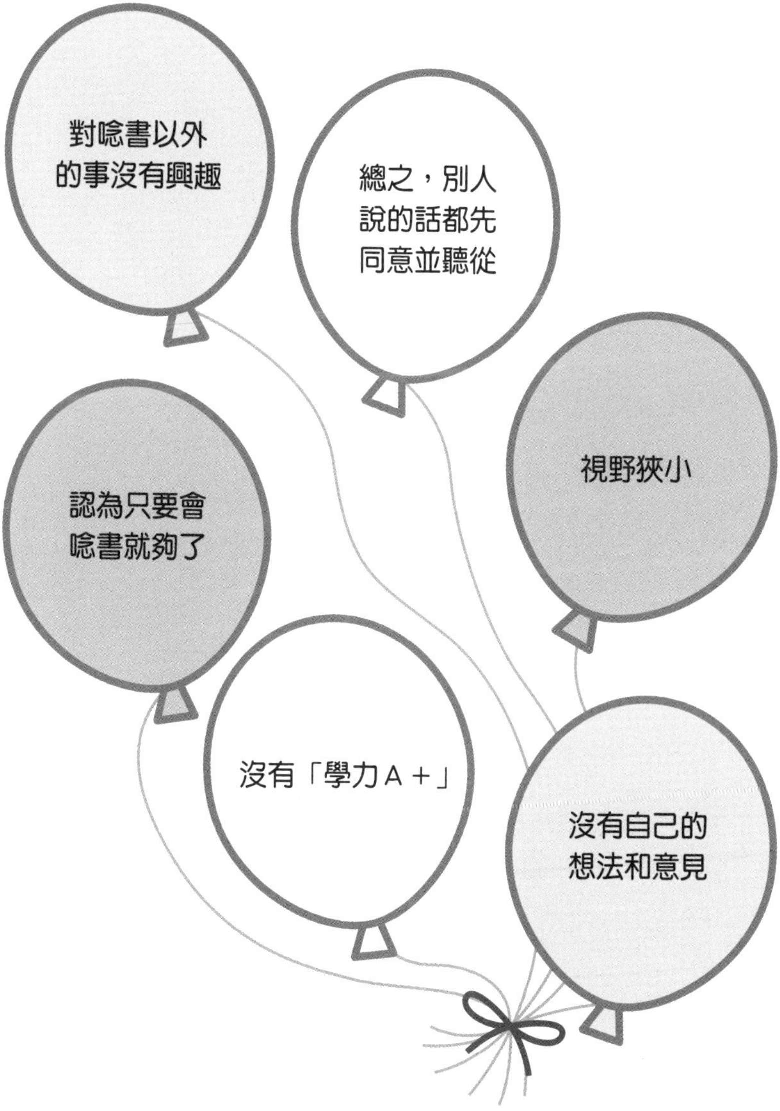
對唸書以外
的事沒有興趣
總之，別人
說的話都先
同意並聽從
視野狹小
認為只要會
唸書就夠了
沒有「學力Ａ＋」
沒有自己的
想法和意見

多數的工作需要的是我們自己的思考能力與創造能力。而且，「只要照著別人說的話去做就行了」的新人時期很快就會過去。不久之後，當有了後輩和下屬的時候，傳統型的高材生就會變得無法對抗他們。

在此請大家回想起我在第1章所提到的「學力A+」。我曾說過，在今後的時代，A+的部分有多麼重要。這種想法正好和傳統型高材生那種「只要會唸書就夠了」的價值觀完全相反。雖然在孩提時代，「了解學習的快樂，並提升學力」是非常重要的，但「只要拿到好成績就行了」是NG的陳舊價值觀。請您先充分地理解這一點。

＊能讓女生盡情發揮才能的時代將要來臨

所謂的「兒女教養」，是由「亙古至今維持不變的價值觀」以及「隨著時代的演變而持續改變的價值觀」這兩個部分所組成的。

舉例來說，在「如同日本江戶時代那樣，社會結構在好幾百年內也沒有變動過的時代」中，基本上，相同的價值觀只需由父母傳承給子女，再由子女傳承給孫子孫女，這樣代代相傳就行了。

然而，現今社會的變化速度快到沒辦法與過去相比。因此，我們就算說「只要有一個世代之差，用來生存下去的對策就會不同」也絕對不誇張。

也就是說，現代比起過去、未來比起現代，在關於兒女教養的價值觀中，「不得不順應時代而改變的部分」所佔的比例會變高。

我想要讓各位媽媽確實理解這點。無論再怎麼拘泥於以往的價值觀，如果不能順應時代的價值觀的話，孩子就只會不斷地在社會之中感到不適應而已。因此，「該如何教育孩子」這個想法必須順應時代，變得通融，而且還要請您預想距今不遠的未來情況，並經常留意「**該如何做，孩子才能變幸福呢**」這一點。

即使將來的時代很嚴峻，但另一方面，我們應該也能將「至今持續很久的男性主義社會的瓦解」這件事視為對女性有利的事吧。因為女生已經不能像以往一樣單靠男性來生活，所以對女生來說，在經濟上尋求自立的必要性會變得非常高。

但是，與此同時，我們也確實來到了「壓迫女性的陳舊價值觀已消失不見，能夠讓女性自己的能力盡情發揮」的時代。因此，我希望各位父母務必要順利地激發出女生的潛能、聰明才智，以及剛萌芽的才能。

不管是誰，都沒辦法選擇自己生活的時代。不過，隨著「您認為孩子生存的時代是有害處的，還是有利益的」這一點，孩子的人生發展應該也會變得很不一樣。

第3章

女生的成長型態屬於「早熟型」

早熟的女生和晚熟的男生

*到小學為止，女生在體力和學習方面都會勝過男生

我們只要比較一下就讀小學的男生和女生，就會發現他們的成長方式非常不一樣。在這個時期，整體上成長較快的是女生。從體格上來看也是如此，女生比男生還要高並不稀奇。因為身體的成長速度較快，所以體力和運動能力比男生強的女生也很常見。

不僅如此，在課業、溝通能力、社交能力等方面，女生的理解能力和適應能力也比較高，而且表現也遠比男生來得好。所以，在上課時，女生會比較積極，具有野心，而且最近掌握班上領導權的人似乎也是以女生居多。

在精神方面，相對於「男生無論到了幾歲，還是像個小孩子」這種情況，女生則是從小就飄散著一股「可靠的姊姊」的氣質。如果兩個孩子的關係是兄妹的話，我們就能清楚地得知女生的可靠模樣。與哥哥相比，妹妹更能機靈地完成任何事，也能和大人平等地說話，您應該也曾看過哥哥被妹妹斥責的情景吧。

男女的成長曲線

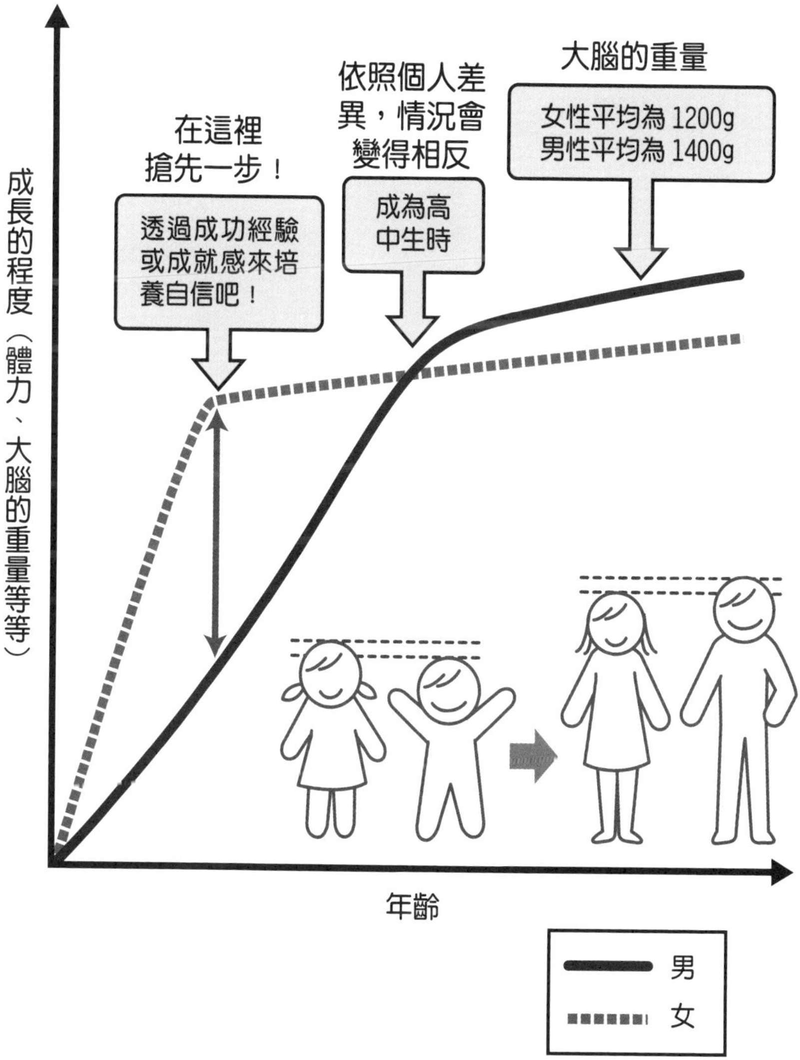
大腦的重量
女性平均為 1200g
男性平均為 1400g
依照個人差異，情況會變得相反
成為高中生時
在這裡搶先一步！
透過成功經驗或成就感來培養自信吧！
成長的程度（體力、大腦的重量等等）
年齡
男
女

像這樣，在成長方面，女生在小學期間會持續佔有優勢。一般來說，男生的成長速度會比女生慢幾年，當男生進入國中後，其成長速度才會開始變快，並勉強追上女生。

雖然當男生順利地繼續成長，並成為高中生後，在唸書、運動等各方面，男生又會呈現出「發揮出比女生更加出色的能力」這種逆轉現象，但這種情況終究會取決於個別差異。

我們只要將「這種男生和女生的成長曲線」畫成圖，就會形成如同前一頁那樣的圖。如果要簡單地表達其特徵的話，我們應該可以說，這就是所謂的「早熟的女生」和「晚熟的男生」吧。

＊雖然男性在生物學上占優勢……

只要將成年男性和成年女性進行比較，就會發現男性的體格比較高大，而且男性的體能也比較出色。另外，根據調查，男性的大腦平均重量大約是一千四百公克，女性則大約是一千兩百公克。

不過，我們不能光靠這件事就單純地下結論表示男性比女性還優越。這只不過表示「在生物學上，人類是那樣構成的」，身體構造的差異與能力差異並沒有直接關聯。不如說，相較於男女在大腦重量方面的差異，孩提時代的教養方式和環境對於人類能力的影響會大得多。

證據就是「男生並沒有全部考上難考的大學」。相反地，現在女生的大學第一志願升學率不斷上升，在身為代表性理科學院的大學醫學院中，女生的比例已足足超過三成，而且今後勢必還會逐漸增加。在很難考的大學的升學率方面，「私立女子完全中學的大幅進步」是我們應該大書特書的現象。

以前，不管再怎麼喜歡唸書，女生也非常難進入大學就讀，尤其是四年制的大學。但是，如今已經不是「因為是女生，所以不需要學歷」的時代，喜歡唸書的女生可以不斷提升自己的能力，並奮發向上。從在幾十年前曾經是少女的女性角度來看，她們應該會覺得這樣的變化是一件非常幸福的事情吧。

這麼一來，像以前一樣，「男性在任何事情上都占有優勢」這種偏見當然就會變得行不通。

至今，男性之所以看起來似乎獨占鰲頭，只不過是「人們為了不讓女性過於發揮能力，所以會從孩提時代開始灌輸女性各種價值觀，而且不給她們能夠發揮能力的舞台」這種情況所造成的結果。

因此，聽了關於大腦的事情後，就武斷地做出「女生的大腦重量果然本來就比男生輕，所以不用嚴格教導女生，不用讓她積極地學習，也沒有關係」這種判斷是錯誤的。「因為是女生……」這種想法有時候很有可能會被當成父母的藉口來利用。我們絕對要避免孩子的「成長之芽」被摘除這種事發生。我們反而應該說，**育有女兒的媽媽要大大地活用我先前說明過的「女生會贏在起跑點」這項女性成長特性來教養孩子才是正確的。**

活用「贏在起跑點」的育兒方式

＊不要害怕失敗，要勇於挑戰！

那麼，在孩提時代快速成長的女生，會有什麼樣的好處呢？在這裡，請大家再看一次第69頁所表示的成長曲線圖。我希望大家注意的是「從小學到國中時，女生勝過男生的部分」。

正因為女生在這個時期的成長速度比男生快，所以女生能做到的事也會不斷增加。因此，在「透過成功經驗和成就感來確實取得『自己能做到』的自信」這點上，女生非常有利。

這點對大人還是小孩來說都一樣。在對自己有自信的情況下，就能不斷地成長。因為有自信，所以才能積極地挑戰新事物。

然後，即使在挑戰的過程中很辛苦，遭遇不順，也會因為擁有「自己應該能做到」那種直到最後都相信自己的想法，所以能夠克服困難。

這就是一種「透過經驗來得到成長」的良性循環。

相反地，如果在孩提時代沒有經驗過「自己能做到」這種感覺的話，長大成人後，就常常會對所有事物都採取消極態度。這是因為那樣的人擁有「自己是沒用的人」這種強烈的負面想法，而且自我評價很低。這種類型的人，只要無法保證「一定會成功」的話，就會害怕挑戰。

但是，只要不鼓起勇氣挑戰的話，就無法取得「只要肯做的話，就會成功」那種實績，所以在那種心態下，不管經過多久，都沒辦法取得自信。

自信和自我肯定都是透過孩提時代那種「只要肯挑戰，就會成功」的經驗培養出來的。曾在孩提時代獲得那種經驗的孩子能夠確實地培養出「不會因為一點小事就沮喪」的堅強心態。

現在，在成人的世界中，盛行著各式各樣的教戰手冊。書店裡陳列著許多標題為「能讓你變得〇〇的書」的教戰守則或自我啟發的書籍。

的確，即使長大成人了，只要參考這類書籍，應該還是能夠掌握某種程度的禮節、禮貌，或者工作之類的技巧吧。

但是，真正的自信和自我肯定感並不是光看書就能輕易掌握得了的。為了掌握這些特質，需要的並不是買書的錢，而是充分的時間和實際的經驗。

長大成人前的二十年間是為了什麼而存在的呢？我們是否能夠說，答案之一就是「為了在可以使用的充裕時間裡，讓孩子累積各式各樣的實際經驗，使她獲得自信」呢？所以，我希望大家不要害怕讓孩子在孩提時代經歷失敗，而且也暫且不要阻撓「孩子挑戰事物」的機會。

在這層意義上，教養女兒的方法重點在於，父母應該以「早熟的女生會贏在起跑點」這種想法為基礎，好好地輔導孩子，以讓孩子的能力成長，並培養出自信。

＊不要忽視孩子對於事物的興趣與好奇心

女生偶爾會被人說像個小大人、很老成。這種情形受到「女生特有的旺盛好奇心」這種特質很大的影響。

我的女兒也是如此，舉例來說，當我女兒開始讀幼稚園時，她總之就是會去模仿她媽媽，像是煮飯之類的家事、梳妝打扮、行為舉止等，不管是什麼都想要去模仿。她偶爾也會模仿媽媽的口吻來勸告爸爸或兄弟。

在父母看來，女兒手上的動作真令人擔心得捏把冷汗，但在當事人看來，卻是想要獨當一面。要是父母隨便出手幫忙，女兒就會連聲說「我自己做得來啦」，而且應該也會拼命地抵抗說「媽媽不要幫我」吧。

和同年齡的男生那種「無論什麼事都想要媽媽幫忙」的情況相比，女生的這項特質有很大的不同。由於男生也有他自己的自尊，所以男生或許表面上會抑制愛撒嬌的自己。

但是，在家中男生卻會盡情地向母親撒嬌，我認為這種事是很常見的。看過許多這種例子後，我甚至覺得，女生與生俱來的自立精神應該比較強烈。

事實上，「**女生那種好奇心旺盛，而且又愛逞強的傾向**」**對於能力的成長非常有幫助**。由於不管怎樣，女生都會主動地對各種事物產生興趣與好奇心，所以媽媽們不能忽視這一點，首先請讓孩子順著興趣走，讓她去做自己想做的事。

為了讓能力成長……說到這些，您可能會擔心：「該不會一定得做些什麼特別的事吧？」但是，在日常生活中，能夠滿足女生的求知欲的事物，要多少有多少。

例如，在小學的時候，有許多小孩會對社會性的話題產生興趣，所以親子之間透過新聞話題來交換意見也是個好方法。

看電視的時候，親子間不要心不在焉地聽過就算了，而是要說些「評論員雖然那樣說，但媽媽我不這麼認為」、「政治家雖然那樣說，但是真的是這樣嗎」、「那只是漂亮話而已吧」等意見，不管說什麼都可以。

請試著把「媽媽本身覺得困惑的事、總是覺得不可思議的事」等話題提出來。

這樣一來，孩子就會很開心地加入話題。

以媽媽的一句話為契機，對孩子來說就算只明白「原來還有這種看法」，也是非常新鮮的經驗。在這種對談當中，當孩子的困惑變得更深時，您可以建議她去查字典或利用網路查詢。

或者，您可以陪她一起去圖書館看看，或是告訴孩子報紙上刊載有相關報導。請如此地在孩子的背後推她一把，讓孩子的興趣與好奇心萌芽，並持續成長。

如果媽媽本身既無空閒又相當忙碌的話，就算孩子好不容易對事物產生興趣、好奇心，媽媽也會用「那些事之後再說吧」這種方式來拒絕。

觀看新聞的孩子即使發問：「媽媽，這是為什麼？」孩子的興趣、好奇心也會因為母親說了「我不知道那種事啦」這樣一句話而被扼殺掉吧。

不過，這樣非常可惜。對大人來說，即使這些是小事或麻煩的事，也請好好地留意「孩子對事物產生了興趣與好奇心」這件事的應對方式。

＊「負面評價」會摘除成長中的嫩芽，故不可行

在觀察母親和女兒這種組合的過程中，我似乎常常會遇見令人覺得「這種做法不太妙啊」的情況。

由於現在有很多男生都沒有自信，所以在教養兒子的方法當中，「找出孩子做得到的事情，想辦法讓他培養」這種建議越來越多。正因為那種情況是實際存在的，所以我認為父母會盡量朝那種方向來教養孩子。

但是，父母的內心某處還是會對女兒帶有「女孩子不能成為高傲的人」這種根深蒂固的獨特心理。因此，就算是該坦率地稱讚女兒成就的情況下，父母也會傾向於找出女兒的缺點，並指責這個部分。

當孩子拿到好成績，並感到得意時，感覺上，許多育有女兒的父母會出乎意外地平靜說出「不過，就算成績好，也不可以沒禮貌」、「如果房間無法整理乾淨的話，就算會唸書也沒用」這類宛如潑冷水般的話。

大家會如何呢？

很遺憾地，由於多數父母在說那番話時幾乎毫無自覺，所以他們可能也不會注意到自己正在對孩子做出嚴厲的負面評價。

話雖如此，但為什麼會出現這種傾向呢？我認為，雖然那種父母也會對兒子說些偏向斥責的話，但是那種父母從女兒還小時，就一直斥責其不是，而且斥責次數會比男生還多得多。我認為這種現象是受到「關於女兒教養方式的陳舊價值觀」的影響，我在第二章曾說明過這種價值觀。

- 對於辦得到的事，會毫無顧忌地表明「我能做到」的女生不受歡迎。
- 會說出「讓人聽起來像是在炫耀的話」的女生招人反感。
- 比男生還能幹的女生沒有人會娶進門。

國內的父母完全相信這些觀念，而且這種情況所持續的期間長到令人無法預測。

總而言之，父母會對女兒徹底地灌輸「不可以做『不像女孩子』的事」這種觀念。當然，「會唸書」這件事會被排除在「父母心目中的女孩子氣」之外。

然而，早熟型的女生正處於發育旺盛的時期，如果她聽到這種話的話，她會變得喜歡唸書嗎？會產生「想要更加努力」的幹勁嗎？

關於這件事，不必我回答，您也知道答案吧。當孩子難得拿到好成績，心想可以看到媽媽開心的表情時，但卻只聽到挖苦或指責的話，那也太可憐了吧。

「在孩子發育旺盛的時期，讓她盡情去做她做得到的事情，以發揮她的才能」是親子教育的鐵則。因此，**請毫無保留地稱讚孩子努力的過程和成果**。不順利的時候，也請務必激勵她，讓她有繼續面對下一個挑戰的想法。

我們沒有必要對成長中的孩子要求萬能與完美。如果總是基於「要是孩子無法達成所有目標的話，就無法讓她及格」這種嚴厲想法，並一味給予孩子負面評價的話，孩子就會失去奮發向上的幹勁。

在這個部分，由於育有女兒的媽媽無論如何都會貪心得過火，所以我覺得大家有必要試著稍微回顧一下對待孩子的態度。

＊女生有很多優點和值得稱讚的地方

「我到底該稱讚孩子哪一點才好？」應該也有媽媽會這樣想吧。

當然，當孩子在學校的課業上很努力時，就稱讚她，這是任何人都想得到的方法；當孩子在體育課的賽跑中拿到第一名的話，母親也會很自然地稱讚她。

可是，當孩子學習和運動方面沒辦法拿出亮眼成績的時候，許多媽媽是不是會突然感到很困惑呢？這種現象的的共通點在於，許多媽媽都深信：「如果孩子的學校成績沒有受到肯定的話，孩子就沒有優點。」

但是，請仔細地觀察孩子的日常生活。真的沒有值得稱讚的地方嗎？沒有那種事對吧。

倒不如說，女生比男生更機靈更細心，而且擅長孜孜不倦地認真做一件事。相較之下，女生做得到的事會比男生多得更多。

單單是「女生的手很靈巧」這點，應該就能夠順利地幫上很多忙了吧。「女生在媽媽旁邊很有品味地選擇和料理相襯的盤子」也能夠幫上媽媽大忙，換做是男生的話，就不會那麼細心；有些女生也可能很擅長用料理模具來切出配菜的形狀。

有的孩子還會在媽媽平常做家事的方法中加入獨創的辦法，這應該也能說是一種專長吧。

應該也有很多孩子擅長畫插圖或彈奏樂器吧。孩子為了讓自己方便使用，所以總是會事先把自己的桌子整理乾淨，我覺得這也很了不起。

當媽媽以女性的目光來看待同性別的孩子時，無論孩子做到了什麼事，在媽媽眼中，也都不太新鮮，而且媽媽常常會認為「能做到這種事情很平常」、「這有什麼好說的」。

因此，就算孩子在媽媽眼前發揮長處，媽媽還是會抱怨說：「我們家的孩子還是一樣，沒什麼值得稱讚的。」

但是，這難道不是因為父母以「理所當然地認為什麼事都做得到的自己＝大人」的標準來看待孩子嗎？

相對於孩子的年齡來說，這種讚美標準不會稍微太高了嗎？很遺憾地，在前面提過的那種「太過要求萬能、完美的媽媽」眼中，很難看見女兒的優點和值得稱讚之處。

要找到值得稱讚的地方

Point 1

即使在唸書或運動方面拿不出亮眼成績，也要**認同她的努力！**

Point 2

不要給予負面評價，而是要**稱讚她所辦到的事，讓她成長！**

Point 3

如果認為自家孩子沒有值得稱讚的地方，就**試著回想看看「標準是否太高了呢」這一點吧！**

若是無法發現值得稱讚之處的話，可以去請家中只有兒子的媽媽幫忙看看自己孩子日常生活的樣子。從「家中只有兒子的媽媽」的角度來看，應該會羨慕您有這樣的孩子，甚至會感嘆道：「真不愧是女生呢。」然後，她應該還會代替媽媽，坦率地稱讚孩子吧。

我可以說，相較於依賴心強、晚熟的幼年期男生，女生身上實在有很多值得稱讚之處。坦白說，我個人很希望各位媽媽能夠注意到這一點。

從今天開始，請務必改變看待孩子的觀點。「發現孩子的長處、優點、強項」是總陪在孩子身邊的媽媽才做得到的事。

女生就算有求勝欲望也無妨！

＊「男生真是幼稚哪～」女生滿懷信心很ＯＫ！

就像到目前為止我所說的那樣，在早熟型的女生眼中，同學年的男生看起來全都很幼稚。

如果實際讓男生和女生去做做看相同的事情的話，就會發現女生的表現大致上比較出色。

可是，媽媽應該不太喜歡自家孩子在面對男生時，表現出自鳴得意的樣子吧。當女兒無論做什麼事都贏過男生時，許多媽媽應該都會很在意周遭的目光吧。所以，媽媽無論如何都沒辦法不告訴孩子：「不要得意洋洋地說自己辦得到。」

在這種情況下，媽媽要對女兒說「媽媽非常認同你能做到的事，那是很棒的事。只是，有的時候說話要看對象，要注意一下說話方式會比較好喔」，認同該認同的事，並告訴她「除此之外，還要懂得看場合說話會比較好」的建議會更加適合。

但是，很多父母都不是這樣，而是不知為何都會警告女兒不要出鋒頭。聽到這番話的孩子當然會難以理解地認為：「為什麼不稱讚我做到的事，反而說那是件壞事呢？」。

然而，看到這裡的人應該都能理解「這種忠告早已是過時的陳舊想法」這一點吧。

「讓女生發揮能力」這件事一點都不是壞事。

在某種意義上，「成長速度緩慢的幼年期男生會輸掉女生」這一點是個既定的事實。

倒不如說，我認為大家應該讓女生不斷地增加「贏過男生」的經驗。因為能力原本就沒有男女之分，所以這是理所當然的。

在這一點上，父母會過於多心，並會將負面的價值觀灌輸到孩子身上，使孩子對「自己的優點」與「贏過男生」產生否定的想法，我認為這會對女生的成長造成負面影響。

為了讓孩子達到「成為能夠自立的女性」這個目標，所以各位家長應該讓她產生「因為男生很幼稚，所以我會把目標訂得更高」這種想法，並廣泛地發展她的才能。

＊即使好勝、不認輸、喜歡競爭，個性也不會變差

讀到這裡我想您已經了解，在教養女兒時會遭遇到的巨大障礙，其實是父母的價值觀。

若父母能夠依照時代來轉換價值觀的話，就沒問題，不過，可惜的是，還有很多父母會對新價值觀感到很不安，而且一直無法擺脫陳舊的價值觀。

雖然「女生就要有女人味」這一點是一種社會上常見的理想形象，但我們還是應該試著稍微思考一下「人們為什麼要特意對女生說『要有女人味』」。

這裡所提到的「女人味」指的是「有溫柔的內心，能和朋友相處融洽，人見人愛的類型」的女生。說實話，我覺得這是一種過於完美的理想形象。但是，反過來說，人們之所以必須特意這麼說，就表示女生本來具備的天性並不是那樣。

實際觀察過就讀小學的女生後，就會覺得大人所描繪出來的理想女生並不怎麼多。倒不如說，女生明顯比男生更好勝、不服輸且倔強。

我長大成人後，才感覺到「在吵架的時候，男性大多沒辦法贏過女性的倔強」這一點。

或者也可以說，在曾參加國中入學測驗的孩子當中，因為考試落榜而懊悔地哭泣的人，似乎都是女生比較多，而且女生傾向於非常直接地表達出情緒。

到目前為止，在教育女兒的時候，由於父母都會認為「不可以讓孩子就這樣成為好勝的大人」，所以父母會想盡辦法試著去削減女生特有的倔強個性。

父母會對女兒做出「好勝、不認輸的個性會讓女性的身價跌落」、「總是在唸書的女生不受歡迎」等各式各樣的批評，其中最讓父母討厭的應該是「喜歡競爭的女生」吧。因為在大人的印象中，喜歡競爭的女生就等於個性難搞。

但是，我認為如果**女生想要掌握某種程度以上的學力，並培養出自信的話，和人互相競爭的經驗是無法避免的**。孩子不顧一切的努力姿態也許會讓她看起來像一名個性很差勁的可怕女孩。不過，不管周遭的人怎麼想，我們都不需要在意這種事。

＊成功者是「不認輸的人」

讀到這裡我想您已經了解，在教養女兒時會遭遇到的巨大障礙，其實是父母自己的價值觀。

「總是在唸書，而且喜歡競爭的孩子個性不會變差嗎……？」我認為過度擔心這一點的父母都會產生「人類的個性會在孩提時代完全成型」這種誤解。

但是，真的是這樣嗎？媽媽只要試著把「自己孩提時代的個性」和「現在的個性」做個比較的話，就能知道答案。現在的自己身上可以稱作優點的部分全都是在孩提時代形成的嗎？應該不是那樣吧。

個性這種東西會透過經驗而逐漸變化。隨著成長，女生在以友誼關係為首的各種人際關係中會變得比男生更能夠客觀地看待自己。從這當中，女生能夠好好地面對自己的優點和缺點，並獲得適應能力。

藉著個性中好的部分受人認同，人會一輩子持續變得更圓滑，或是變得更加具有深度。大部分的人應該都會實際感受到，當自己長大成人後，才會透過現實社會的經驗，讓人格逐漸變得成熟。

現在被稱為成功者的女性，恐怕或多或少都擁有不服輸的個性，而且至今應該也已經歷過許多競爭了吧。這一點在醫生的世界中也一樣。

既溫柔又有人情味的女醫生在通過國家考試之前，應該也克服了數不清的競爭吧！

在這段期間，她們應該也會遭受來自周遭的各種閒言閒語吧。成為醫生後，她們也會置身在不能停止學習的嚴厲世界裡。即使如此，在她們當中，還是有很多非常具有魅力的人。

如同透過這些實例所了解到的那樣，如果大家能夠相信「個性是後天造成的」這一點的話，我想就不會有問題。

相反地，如果父母在孩提時代就急著消除孩子那種「好勝」或「不認輸」的個性，甚至讓孩子避開競爭的話，孩子會變得怎樣呢？

運氣好的話，或許孩子會成為一名個性溫和的理想女生。但是，我可以確定的是，在長大成人後，才想要取回孩提時代「應該學到的讀書習慣」、「應該成長的學力、智力」，實際上卻是很難的事。

「事實上，我有認識很會唸書，而且個性也很差的人。」或許有些媽媽會這麼說。不過，那都只是個別案例而已。從精神分析的角度來說，喜歡競爭或會唸書都和個性好壞沒有任何關聯性。

我們倒不如說，「個性的好壞會受到競爭或唸書以外的主要因素影響」這種觀點才是適當的。因此，雖然多數的父母都會以「無論如何，都要優先考慮培養個性，唸書的事情擺在後面」這種優先順位來思考教養孩子的方法，但我們在面對此課題時，最忌諱武斷地做出結論。

第 4 章

只要有禮貌或禮儀就可以了？
管教女生時的重點

堅定不移的教養術需要「崇高的計畫」

＊何謂女生的「教養術」？

我想，養育孩子的時候，沒有不管教孩子的家庭。教養術最容易讓家長們產生分歧的看法，各家庭對於教養術的解釋和內容都會不一樣。正因如此，媽媽會感到不安，並覺得「我們家的教養術是正確的嗎」、「我們家的教養術有沒有欠缺什麼呢」。

話說回來，教養術的目的是什麼呢？雖然媽媽們平常也許很少慎重地想過這種事，那我還是要先從這裡開始說起。

若要說教養是什麼的話，其中一個答案就是「為了讓孩子適應現實社會，所以除了學業以外，還要讓她向『某種榜樣』學習」。

我們常常只把教養當成「要有禮貌或禮儀，要遵守規則」。

當然，這一點確實是被包含在教養裡的部分要素。而且，不管在哪個時代，大部分指的都是「待人處事所需的資質」。

但是，「為了適應社會而需要效法的榜樣」所指的意思並非僅僅如此。實際上，它的範圍會更加廣泛，連父母那種「為了孩子的成長，這是必要的」的價值觀也包含在其中。關於「應該傳達給孩子的價值觀」，我稍後會在其他章節中加以說明。

所謂的「社會」，當然會隨著時代而產生變化。既然那樣的話，不管是誰應該都能理解「社會大眾的一般觀念與價值觀也會隨著時代而逐漸改變」這一點，如此一來，關於教養的內容也會有所改變。

我們首先要掌握的應該就是這一點吧。

比如說，「嫁為人妻是女生的最佳生存之道」曾經是主流的價值觀。所以，與其讓她拼命唸書，不如「讓她徹底幫忙家務，使她學會做家事」，或是「讓她順從地聽話，使她成為一個在面對男人和社會大眾時，不太有自我主張的人」。以前的人在教養女兒時，這類觀念占有重要地位。

但是，現在的女生教養方法不是這樣。當然，也有父母會認為「無論如何，一定要讓孩子成為好新娘」。但是，如同我在第一、二章說過的那樣，在目前這個時代中，光靠那樣是行不通的。

既然「在社會上自立」是讓女生變得幸福的條件的話，那我們必須讓孩子學習的事就不是「因為是男生或女生，所以就……」那種基於性別差異的想法，而是要透過教養術來讓孩子擁有自我主張，或是培養出某種程度的抗壓性。

您覺得如何呢？我希望大家務必不要把舊有的固定教養觀念視為絕對，而是要靈活地掌握「教養觀念可以分成會依時代不同而改變的部分與不會改變的部分」這一點。

＊「崇高的計畫」＝「基於父母價值觀來制定的兒女教養方針」

當大家能理解「依照時代與社會的變化來教養孩子」這一點的必要性時，我想再提出一個重點——那就是「教養孩子的崇高計畫」，而且這項計畫會成為協助父母選擇管教方針的基準。

再稍微說得更詳細一點的話，就是「**父母基於『為了讓孩子在社會中變得幸福，所以應該將她培養成什麼樣的人呢』這種價值觀而制定的兒女教養方針**」。

如果不把這點放在第一順位的話，父母就沒辦法決定要為孩子選擇什麼樣的管教方式。

在各種和管教相關的煩惱中，「因為沒有確實制定崇高的計畫，所以遭受到周遭的意見擺佈」這種例子絕對不少。

例如，當您看到親子教育書中寫著「教出好孩子所需的管教項日」時，是否會立刻搶著做，但卻沒有確認身為家長的自己的想法呢？

但是，每個孩子都不一樣，每個家庭的價值觀也不同。我覺得「在沒有考慮到其中差異的情況下，就將寫給大眾看的書囫圇吞棗」這種教育方式並不怎麼高明。

家長如果因為太過拘泥於「彙整了『管教時應該做的事與禁止做的事』的書籍」當中所記載的事項，而使視野變得狹隘的話，「教養孩子的本質與目的」就會一下子就消失在某處。

如果沒有「崇高的計畫」的話，會變得如何？

沒有這個的話……

- 無法決定該如何管教孩子。

會成為管教準則的

「崇高的兒女教養計畫」是指……

「父母希望將孩子培養成什麼樣的人」、

「兒童教養方針」。

如果計畫不確實的話……

- 也可能會受到周遭的意見擺佈。
- 即使孩子問說「為什麼我一定要有禮貌呢」，父母也回答不出來。

如果有確實地制定「崇高的計畫」的話

不會因爲和人比較而忽喜忽憂。

能夠有自信地教養孩子。

遺憾的是，父母很有可能會堅信「只要好好地照著書上寫的去做，身為家長的我就能得到高評價。相反地，要是做不到的話，評價就會變差」這一點，並為了自我滿足而去管教孩子。我認為這種現象實在很可笑。

這樣一來，就算被孩子問到「為什麼我一定要有禮貌呢」、「為什麼媽媽要那麼囉嗦呢」之類的問題，父母也會不知道該怎麼回答才好，並會忍不住地大聲咆哮。

由於有很多女生都能言善道，所以她們的回嘴功夫也相當厲害。最後，媽媽的腦中應該也會無法擺脫「管教的目的到底是什麼呢」這個疑問。但是，只要家長能夠確實地制定崇高計畫的話，就能夠好好地回答孩子的疑問。

另外，在某些例子中，有的媽媽會把朋友家的管教方法和自己的方法進行比較，然後忽喜忽憂。

在這種情況下，媽媽只要抱持著「雖然別的家庭可能會那樣想，但我們家會採取這種方針和價值觀來教育孩子」這種想法，就能消除不必要的煩惱。

還有，對媽媽來說，來自婆婆、公公（有時候是娘家父母）的各種意見與忠告，常常會成為令人困惑的原因。

但是，如同我先前所說明過的那樣，只要媽媽能夠理解「教養術中會包含順應時代而改變的部分」這一點的話，應該就能避免「教育孩子的方針出現混亂」吧。只不過，由於我並不是要各位家長和提出各種意見的婆婆、公公、娘家父母針鋒相對，所以在這個部分，請大家妥善地處理吧。

保有「我們家的價值觀」！

*父母的心願是「希望她成為這樣的人」

在我們所處的時代中，如果關於子女教育的資訊越多的話，讓媽媽們煩惱的事情就會越多。正因如此，所以我希望媽媽們在教育孩子時，務必要保有「我們家的價值觀」。

告訴孩子「雖然其他人的說法是那樣，但我們家會採用這種方針來教育妳」、「就算其他家庭允許孩子這麼做，但由於我們家會依照我們家的價值觀來教育妳，所以不行做的事就是不行」、「由於妳是我們家的一份子，所以如果妳不這樣做的話，我會很困擾」這種**「能讓她意識到『我們家』的想法」是一件比想像中還要重要的事。**

為了說明這件事，所以我就來稍微說說以前的家庭吧。當我還是個小孩時，那時候的父母比現在的父母更常告訴孩子許多「我們家的價值觀」。

比如說，父母只要一有機會，就會把「由於你是我們家的孩子，所以如果妳老是看電視的話，會讓人傷腦筋的」、「由於我們家不富裕，所以不能過得奢華，但是我們會買書給你，你就不斷地看書吧」、「雖然大家都會去買流行的玩具給孩子，但我們家不會買喔」等表示「我們家會這樣做」的話告訴孩子。

當然，要是被父母這樣告誡的話，孩子也會反感，並會覺得「為什麼只有我們家是這樣」，儘管如此，父母們還是需要清楚地表明「我們家是我們家，別人家是別人家」這種堅持。

要是孩子抱怨的話，只要對她說「妳如果不滿意，就請趕快長大成人，並自立吧」就行了。對此，孩子雖然會覺得「什麼嘛，囉哩叭嗦一大堆」，但同時也會強烈地希望自己快點長大成人。

說到現在的情況，我認為「看到別人家在做什麼事後，就覺得自己也必須對孩子做同樣的事」的父母應該比較多吧？

這種家庭會出現「大家都有的東西不買給她不行」、「必須帶她去大家都曾去過的地方」、「由於不可以讓她因為跟不上話題而遭到排擠，所以要讓她看大家都在看的電視節目」這一類的情況。

現在的父母會傾向於想要避免被孩子討厭。也有不少父母認為「即使多少要讓步，但還是和孩子保持良好關係會比較好」。這些父母的子女教育方針含糊不清到缺乏「我們家的價值觀」的程度，而且這種傾向正逐漸在增強中。

但是，真正重要的，不是「仿照別人家，做相同的事」，而是「遵循自家的價值觀，並貫徹始終」。

乍看之下，「自家的價值觀」雖然是孩子們口中的「囉哩叭嗦的事」、「麻煩的事」、「鬱悶的事」，但也不是只有這一面。

無論孩提時代有多麼抗拒自家的價值觀，長大之後，只要試著回想，就會發現這些價值觀已經成為能夠約束自己行動的標準與相當重要的心靈支柱。

在人生中，無論是誰都曾遭遇過「差一點就選擇了錯誤的行為」的情況。但是，在那種情況下，父母的教誨常會不可思議地成為一道防線。

孩子如果是女生的話，在青春期之後，就容易受到外界價值觀的影響，並會讓父母無止盡地擔心。

不過，如果孩子能有「我是靠父母告訴我的『重要價值觀』才活到現在」這種認知的話，就不會總是嚴重地誤入歧途。

這是因為，父母的話中包含了「希望妳能成為這樣的人」那種父母的願望與情感，並傳達給了孩子。我認為大家可以更加相信「自家的價值觀能保護孩子，讓她不會去選擇安逸的生活方式，或是受到低廉價值觀的影響」這一點。

＊既然她是「我們家的孩子」，就要遵守我們家的規則

孩子是我們家的一份子，同時也是社會的一份子。

因此，透過家庭教育來讓孩子理解、學習「在社會上生活時所需的規則、一般道德、禮貌與禮儀」等，也很重要。父母和孩子都要意識到「遵守規則是社會生活的基礎」。

父母和孩子在家裡要徹底地遵守家規，出了家庭外則要徹底地遵守社會規範。

有時候，有的父母會認為「她還只是個小孩，所以不用那麼嚴格地教她規矩」、「因為孩子在校成績很好，所以就算她沒有遵守規則，還是可以寬恕她」。

但是，由於管教孩子的目的在於，增強孩子對於社會的適應能力，所以重點在於，就算是孩子，該遵守的事還是要讓她遵守。

如果孩子在小時候沒有被人教過「遵守規則的重要性」的話，會變得如何呢？我們可以想像得到，她大概會成為一個令人困擾的人吧。舉例來說，即使她長到一大把年紀，卻還是不會遵守公共規則，而且即使被人指正，也無法虛心聽從別人的話。

但是，最大的問題在於「因為她不肯遵守規則，所以她無法取得別人的信賴」。所以，請大家要告訴孩子：「**如果不遵守規則的話，就無法和朋友或其他人建立信賴關係。**」

那麼，大家都是怎麼決定家規的呢？決定家規的時候，會不會受到孩子的意見影響，使內容變得寬鬆呢？

基本上，家規不應該以孩子的意見為準則，而是應該以「父母的價值觀」、「崇高的兒女教養計畫」為基準，並依照父母的判斷來決定家規的內容。

「要是做這種單方面的決定的話，孩子會抱怨。」也許您會這麼認為。

但是，在這種時候，您就算清楚地說出「父母有教育孩子的責任。所以，家規要照父母的想法決定」、「因為妳是我們家的孩子，所以妳必須遵守父母決定的家規」這些話也無妨。

「媽媽和爸爸都自己決定，太狡猾了。」孩子也可能會這麼說。但是，如果我們無法清楚展現出大人和小孩的界線的話，就無法教育孩子。就算孩子覺得不講理，這一點也會和培養孩子那種「想要長大成人」的心情有關係。

為了讓孩子在達到「從父母身邊自立的年齡」的時候，能完全地自立，所以大人和小孩之間的界線必須存在。

＊和田家的七條家規

我有兩個女兒，我想介紹我們夫妻基於前項所說的想法而制定的家規。

①要確實打招呼

不管自己喜歡或討厭對方，都要確實遵守「打招呼」這項規矩。打招呼是社會生活的基礎。

②不對人施暴

必須徹底教會孩子「不管是大人還是小孩，都絕對不允許有傷害他人的暴力行為」這一點。

③絕對不能說謊

說了謊，就會因為擔心被拆穿而戰戰兢兢地過日子。告訴孩子「對自己來說，說謊沒有任何好處」這一點吧。

④不隱瞞事情

要掩蓋不當的事情時，孩子或許會覺得隱瞞是個很有效的方法。但是，如果想要持續隱瞞下去的話，就得透過說謊來讓前後說法一致。對當事者來說，這也是於心不安的行為。讓孩子學習「能夠說出實話，而且不會害怕被人責備」的勇氣。

⑤做了壞事的話，就要坦率地道歉

當孩子主動道歉時，先不要責備她所做的壞事，而是要稱讚她能夠道歉。「承認自己的過錯，並鼓起勇氣道歉，然後請求別人原諒」這種經驗會讓孩子成長。

⑥自己決定的事就一定要遵守

不只要讓孩子遵守父母決定的家規，也要讓孩子徹底遵守自己決定的規則。要讓孩子從小就理解「必須為自己說過的話和態度負責」這一點。

⑦遵守家規、校規、社會規範

要讓孩子充分理解「想要和許多人一起在家庭、學校和社會中生活時，遵守規則是很重要的」這一點。不過，由於「和家人、朋友之間決定好的寬鬆規定」會隨著情況而改變，所以在處理這種狀況時，要視當時情況而定。

我們家的家規就是以上七條。

您看了之後就會明白，這些不只是孩提時代的教養方法，也是長大成人後仍必須遵守的規範。父母不只要讓孩子遵守家規，也要將自己遵守家規的模樣展現給孩子看。

由於孩子會仔細地觀察大人，所以孩子有時會不滿地說：「大人都只會用嘴巴說說，自己有時候還不是不遵守規矩。」

當然，原則上父母也要遵守規矩，但無論是誰都會有不小心的時候。在這種時候，請不要惱羞成怒，而是要按照第五條規矩寫的那樣，承認自己做錯了，並老實地道歉。

目標是「成為能夠勇於表達己見的人」

＊管教的嚴厲程度不會因性別而有所不同

一般來說，教育女生的方法和教育男生的方法不同。在管教方面，這種情況也可以說是一樣。

因為父母認為「希望男生可以自立」，所以很多父母會比較嚴格地管教兒子，但是，不知道為什麼，父母在管教女兒時，卻會變得非常寬鬆。

我想這大概是因為，由於父母覺得「讓女生提昇自立心」的迫切性並不像男生那麼高，所以父母在教育女生時，會傾向於手下留情。

舉個簡單易懂的例子來說，當父母在警告或斥責女生時，要是看到她哭出來，父母就不會再繼續訓話。把孩子的眼淚當成停止號誌的例子非常多。

這點和「父母在面對男孩子時，即使孩子哭了，父母也會把該說的話說完」這種情況形成了強烈對比。

當然，教育孩子的方法如果太激烈，並讓孩子心靈受創的話，就值得斟酌，但父母們如果每次都只把「為人父母應該說的話」說到一半就停止，也會造成問題。父母應該要避免採取「因為是女生，所以不用對她說得那麼過份也沒關係」、「我不想因為太囉嗦而導致親子關係變差」這類不負責的態度。

既然關於「將來的自立」這點已經不存在性別差異的話，那麼，在孩提時代的管教方面，大家也應該重新審視「對男生嚴厲、對女生寬鬆」那種沿襲舊有價值觀的教育方法。

另外，當孩子有兄弟姊妹時，父母只要因為性別不同而給予差別待遇的話，孩子就會覺得不公平。重點在於，不要只偏袒或打壓其中一方，而是要平等地對待孩子。

*告訴孩子斥責她的理由

一般來說，教育女生的方法和教育男生的方法不同。在管教方面，這種情況也可以說是一樣。

孩子會因為遭到父母斥責而導致內心受創，而且這類典型例子有好幾種。

其中之一為，孩子聽了一大堆嚴厲的話後，會變得不知道自己到底該怎麼辦才好。當媽媽在斥責孩子的過程中變得感情用事時，無論女生多麼愛逞強，也會因為老是被媽媽的話逼得走投無路而真的覺得很困擾、很難過。

這種時候，媽媽需要做的就是「明確地告訴孩子斥責她的理由」。

比如說，孩子唸書唸得比平常還要馬虎，拿到了爛成績。

在這種時候，不要說「為什麼會拿這種成績？根本不行嘛」，而是要如同「成績會變差，是因為妳沒有遵守和媽媽約定好的唸書時間，還一直在玩」、「是因為妳沒有去解決課業上不懂的地方，還放著不管」那樣，把這種「因為○○所以△△」的具體理由告訴孩子。

「自己想想為什麼會被罵吧。」這句話就像父母的口頭禪，而且父母有的時候也會因此對孩子不理不睬。

但是，根據孩子的年齡，父母如果沒有好好地向孩子說明的話，有的孩子會無法了解為什麼被罵，所以父母也必須考慮到這一點。而且，父母還要具體地將表示「下次該如何做才對」的解決方案告訴孩子。

會傷害孩子的斥責方式

NG

說了一堆嚴厲的話來責備她

在斥責過程中，變得感情用事

改成這樣的話就 OK ！

▶用孩子聽得懂的方式，將斥責的理由告訴孩子！

▶如果孩子知道理由的話，就給予她建設性建議，告訴她下次應該如何做才對！

嘮嘮叨叨、囉哩囉嗦……

Change!

理由＆建議

請大家不要忘了「如果父母單方面的斥責，或只是一再斥責已經發生過的事情的話，孩子是無法理解也無法接受的」這一點。重點並非「一再指責無法改變的過去，並把孩子逼到死角」，而是「給予孩子關於『該怎麼做，下次才能夠做得好』的建設性意見」。

＊告訴她發表自己意見的重要性

基本上，父母只要根據「各個家庭的不同價值觀」來決定管教方法即可。如果管教方法不完善的話，父母不但會受到周遭意見的影響，而且還很有可能會屈服在同儕壓力下，並採用「女生應該這樣子」那種陳舊的價值觀來管教孩子。

請各位媽媽要對「依照自己價值觀來制定的子女教育．教養方式」這一點更有自信一些。

我舉個相關的例子吧。女生經常得到的評價為「她有顆善良的心，而且和朋友相處得很好」。雖說是孩子，不過由於孩子必須在以學校為首的團體中生活，所以某種程度的互助精神的確很重要。

但是社會大眾對女生要求的事情卻常常會讓人覺得超過了「某種程度的互助精神」的範圍。

比如說，現在還有人以「那種『會與周遭的人爭論，而且不合群』的女生很糟」與「女生的好強個性及明顯的自我主張都會引來負面評價」的想法為基準，要求女生不要出鋒頭。因此，「雖然是孩子，但能夠清楚地表達意見，而且自我主張很強烈」這種女生有時會惹人厭。

現在，在學校等團體生活的情況中，霸凌經常會是令人擔心的問題。我們經常會看到「個性鮮明的女生遭到排擠」、「會光明正大說出意見的女生會成為霸凌的對象」等現象，並會發現到，女生會針對「表明自己的意見」這一點，互相施加壓力。

孩子也會花費非常多的精神來思考「該怎麼做才不會成為被霸凌的目標」這個問題。因此，孩子就很有可能會學到「與其說出自己的想法而被欺負，倒不如選擇沉默會比較好」這種想法。

但是我認為，即使如此，也應該向孩子說明「擁有自己的意見」與「無所畏懼地表明己見」的重要性。在管教孩子時，把「即使每個人的意見都不同，也沒關係」、「不要選擇隨波逐流的安逸生活方式」這種價值觀傳達給孩子也是非常重要的。

在孩子的成長過程中，父母不應該否定她那種頑強或不認輸的個性。如果遵照「根據人們表面上的想法」或「從前的管教觀念」來教育孩子的話，這些持有己見的孩子應該就會成為需要矯正的對象吧。但是，**孩子會透過「擁有自己的意見」來建立自我認知，並持續成長**。

長大成人後，「沒有主見的人」與「無法堂堂正正表達己見的人」都不會受到重視。如果孩子讓人覺得「這個人沒有主見」的話，任何人都不會願意傾聽她說的話。結果吃虧的是孩子自己。我希望大家能夠試著把這種事也一起告訴孩子。

＊當孩子不太能夠表達己見時

由於「讓孩子在日常生活中擁有自己的意見，並說出自己的意見」是很重要的，所以我希望大家務必要多留意這一點。認真說起來，相較於男生，父母本身很少會向女生尋求具體意見。不過，即使是女生，也確實會有自己的意見，而且女生也會真心地希望父母能夠多聆聽自己的意見。

因此，看電視的時候、要出門去哪裡的時候、要一起做什麼的時候，請大家透過「**你覺得如何**？」這種形式來鼓勵她不斷地發表意見。只要父母肯陪孩子，孩子就會很高興地提出意見或問題。在這種時候，父母不要覺得厭煩或麻煩，而且必須做好「陪孩子說話，直到她能理解問題為止」的心理準備。

如果孩子的個性原本就很積極，而且能夠表達己見的話，當然很好，但在面對「個性稍微消極，羞於表達意見的孩子」時，父母如果沒有察覺這點，並採取對策的話，這樣的孩子還是會一直無法表達意見。

在孩提時代，如果無法確實進行這種訓練的話，孩子就會變得總是只會附和周遭人的意見。這種孩子也會養成「極度恐懼說出自己的意見」、「為了不讓他人尋求自己的意見，因此採取消極的行動」的習慣。

長大成人後，即使想要變成能夠表達己見的人，也會相當困難。由於「擁有主見」這一點也和內心的堅強程度有關，所以我希望大家好好地思考，不要輕視這點。

「不過，如果讓孩子不斷地表達己見的話，不會變成傲慢的人嗎？」這是無謂的擔心。

大家只要將「表達己見時的TPO、作法」當成管教的一環，一併教給孩子就行了。

那麼，到目前為止，我講的都是關於管教女生的事。應該也有人會覺得「和其他管教女生的書上所寫的管教觀念很不同呢」，並感到有點驚訝吧。

但是，如同我最初所提及的那樣，我希望「各位父母不要把管教想成是個別的項目，而是要從『建立一項崇高的計畫』做起」，並選擇了這種歸納方式。但願這些方法能夠讓各位當作參考。

第 5 章

為了讓孩子成為「好學的孩子」

孩子會根據父母的應對方式而變得好學！

＊不斷向孩子說：「聰明是好事。」

看到這裡時，我想大家在某種程度上應該已經能夠理解「由於我的小孩很可愛，所以即使不會唸書也沒關係，只要保持現狀就好了」這種想法無法讓孩子在將來得到幸福。

在本章中，我就來說說「實際上，該怎麼做才能將唸書的樂趣傳達給孩子」、「該怎麼做才能讓她變得喜歡唸書」這兩件對媽媽來說最關心的事情吧。

從本章的中段部分開始，我會依照不同的年齡來進行解說，但在這之前，我會先說明「女生的特點」和「陪她唸書的方法」。

首先，我希望媽媽留意的是，要從孩子小時候就不斷告訴她「聰明是好事」這個價值觀。

之後，這個價值觀會一直發揮作用，幫助孩子提昇上進心和好學心。

能夠培養孩子自信的三種循環

1 持續傳達：「聰明是好事」

聰明的人
很有型呢！
是這樣啊——

2 讓孩子試著體驗

我要自己
試看看！
好啊。

3 如果孩子成功完成一件事的話，就稱讚她

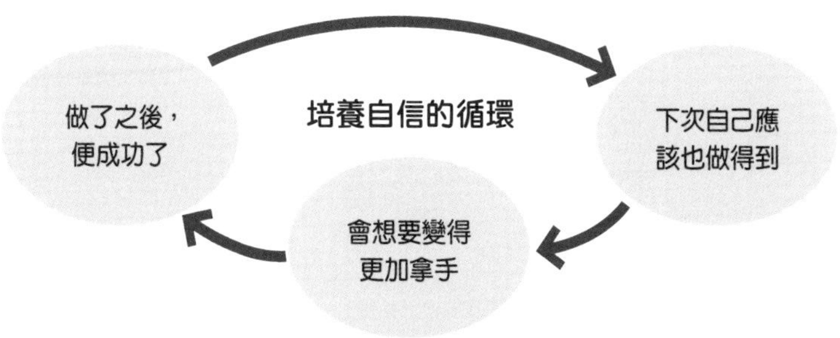

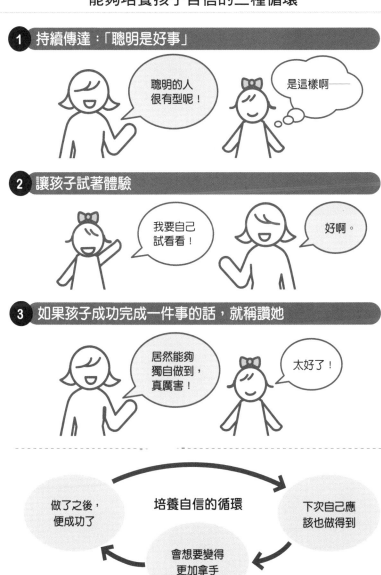

居然能夠
獨自做到，
真厲害！
太好了！

培養自信的循環
做了之後，
便成功了
下次自己應
該也做得到
會想要變得
更加拿手

然後，就如同「三歲看大，七歲看老」這句話一樣，孩提時代所奠定的價值觀在長大成人後也不會消失。

孩子會對最喜歡的媽媽或爸爸，或者是年長的兄姊說「好」的東西有好感，並會產生興趣與好奇心。因此，父母對著某件事說「聰明真好」、「聰明的人很有型呢」的話，孩子自然也會理解「原來如此，聰明是一件好事啊」這一點，並會變得更加喜歡學習。

之前我也說過，女生是愛逞強的小大人。「聰明真棒。只要唸書的話，就會變聰明喔。」媽媽如果平常就這麼說的話，就能夠強烈地激發孩子那種「我也想要變聰明」的求知欲。

如果變成這樣就太棒了，女生能夠順利地發揮「天生就是個會孜孜不倦地認真做事的勤奮者」的天賦，並積極唸書。要說為什麼的話，那是因為女生自己也想要透過唸書來變得聰明，以獲得媽媽的認同。

不過，父母在告訴孩子「聰明很棒」這個價值觀時，如果顯現出「所謂的聰明，就是要在學校考試中取得好成績」那種非常狹隘的武斷想法的話，就很不好。

由於「能夠幫助孩子變聰明的學習機會」並非只限於「學校課業中的各個科目」，父母也必須注意到「不要讓孩子感興趣、關心的事物範圍變得極度狹小」這一點。

另外，父母如果表現出「莫名地在意分數」的想法的話，孩子將來就不會為了得到幸福而變聰明，而是會變成一名「只以考高分為目標」的孩子，所以請大家要注意這一點。

＊首先，重要的是讓她去體驗

在上個章節中，我提到了「聰明很棒」這個價值觀的重要性。

為了讓孩子變得喜歡唸書，還有一點非常重要，那就是「讓孩子去體驗」、「讓她去累積『自己做到了』的實績」。

無論做什麼事都是如此，當孩子自己實際去做了某件事，並獲得成功時，孩子就會打從心底覺得「這真有趣」。

這種代表「自己做到了」的成就感是任何東西都難以取代的，而且與孩子的「自信」＝「有根據的健全自我評價」有關聯。

而且，如果此時所產生的「這真有趣」這種想法越是強烈的話，就越能提昇孩子的上進心，使孩子想要做得更多、想要變得更能幹。孩子會在「**做了後，得到成功**」→「**想要變得更能幹**」→「**下次一定也辦得到**」這種不斷進步的良性循環裡，逐漸提升自我認同感。

在這層意義上，如果要用其他語言來表達的話，我們也能把自信說成是「生活的原動力」或「成長的能量來源」。孩子會將「自信」當作踏板，一階一階地踏上成長的階梯。

然而，我想大家應該知道，最近的孩子一再地遭人指出有「沒有自信，自我認同感低落」的問題。不想挑戰新事物、極度害怕失敗、只會否定自己……。孩子之所以會抱持這種想法，很大的原因在於小時候無法充分地累積「能夠獲得自信」的經驗。

相反地，透過確實地累積經驗來獲得自信的孩子在面對未知的體驗時，也不會感到畏懼，並能夠去挑戰。

正是因為孩子有「自己一定做得到」這種想法，所以即使稍微遭遇挫敗，也不會放棄或半途而廢，而是會一直堅持到滿意為止。如果能夠培養出這種孩子的話，身為母親的各位應該也會感到很開心吧！

我希望各位媽媽一定要充分地理解「對孩子的成長來說，『自信』是最重要的」這一點。

因此，在日常生活中，請不要一味地斥責她做不到的事情，使她失去自信，而是要拼命地去找到她那種「做了後，並得到成果」的實績，並認同她。

就算孩子的作法很笨拙、很拙劣，看了就讓人著急，還是要請大家先關注當事人的努力。

＊讓孩子變得喜歡唸書的八個重點

「自信」是孩子成長的原動力。「是否擁有自信」這一點會受到「母親的應對方式」很大的影響。

孩子會被大人基於「為什麼連這麼簡單的事都做不到呢」這種想法而無意間說出的話給傷害，而且這種孩子比想像中還要多。

那麼，大家在面對孩子時，該注意什麼樣的重點才好呢？我們就按照順序來看吧。

①認同她的挑戰

如果母親總是貿然地帶著「希望孩子變得喜歡唸書」這種心情的話，無論如何，母親都會變得容易斥責孩子包含成績在內的失敗或拙劣的做法。

但是，如果母親不認同「孩子已經拼命去挑戰」這一點，而且只會斥責成績不理想的話，就會把「唸書很無聊、很討厭」這種印象烙印在孩子心裡。請大家用寬宏大量的態度來對待孩子吧。

②首先，要讓孩子覺得唸書很快樂

比起讓孩子在小時候變得十全十美或拿到滿分，更重要的是，要先讓她體驗，並了解樂趣，同時也要讓她盡情體會那種「做了後，並得到成果」的喜悅。

③讓她不斷累積「嘗試&錯誤」的經驗

人類如果想要成長的話，累積許多「嘗試過某種方法後，如果不順利的話，就試試看下一個方法」這樣的經驗是很重要的。即使孩子沒辦法一次就得到答案，也不要馬上告訴她答案，而是要重視「讓她去思考要用什麼方法才能解出答案」的過程。錯誤絕不是負面的經驗，而是會成為「成功的原動力」。

④就算花上很多時間也沒關係，讓她慢慢地努力去做。不要打斷她，也不要催促她。

「動作快一點」、「妳慢吞吞作什麼」我想這些話已經成了很多媽媽的口頭禪，但在努力做事的孩子身旁催促並不是好主意。雖然做的是同一件事，但既然有能快速完成手邊作業的孩子，也就會有非常想照著自己的步調慢慢努力的孩子。請各位媽媽試著依照孩子的努力步調來陪伴她。

⑤好好觀察她容易在哪個地方出錯

當孩子還小時，即使答錯了，也無法分析出自己為什麼會出錯。因此，孩子就算在容易出錯的地方出錯了，也經常會置之不理。如果持續採取這種做法的話，孩子就會變得不知道「自己是從哪裡開始受挫的」。對媽媽來說，「觀察孩子的努力，並事先掌握她在哪個地方容易出錯」是很重要的。

⑥在容易出錯的地方給她提示，並讓她思考

如果知道孩子常常在哪裡出錯的話，就每次都給她提示，並讓孩子一邊思考「自己該怎麼做才不會答錯」，一邊挑戰自己。只要孩子在參考提示了之後，能夠得到「靠自己做到了」這種成就感的話，就ＯＫ了。大家只要採用這種做法，就能夠確實地增強孩子的實力。

⑦當孩子成功時，或是有所進步時，就要認同她，並稱讚她

無論是多麼小的進步，都要好好地認同並稱讚她。

在大人眼中，也許只是微不足道的成果，但對孩子來說，「成功地做到之前做不到的事情」是一項非常重要的成功體驗。媽媽只要說句「真厲害呢！」，就能讓孩子湧現「想要努力」的心情。

⑧讓她遵守和唸書相關的約定（每天幾點、學什麼、學多少）

由於女生比男生更認真、更確實，所以我們可以說，女生比較容易培養唸書習慣。

透過這八項重點來讓孩子變得喜歡唸書！

1
不要斥責，而
是要認同孩子拼命
挑戰的態度

2
讓她覺得
「唸書」=「快樂的事」

3
讓她去體驗
「嘗試&錯誤」

4
讓孩子以自
己的步調努力

5
幫孩子找出她
容易出錯的地方

6
在容易出錯
的地方給她提示

7
再小的進步也
不要忽視，並稱讚她

8
決定在家學習
的時間、內容，
並讓她遵守

請指導孩子決定每天在家學習的時間，而且一定要讓她遵守。還要決定每天該學習的內容，並讓她持續地依照這項決定來前進。由於強迫性的填鴨式教育無法持久，所以大家應該要根據年齡和能力來考慮這項約定。

上小學前，找到一件能讓孩子產生自信的事

＊從幼兒時期就和她說很多話，唸繪本給她聽

從孩子出生的那一刻開始，媽媽就抱有各種期待。許多媽媽應該都有「如果可以的話，就讓她從小發展學習能力」這種願望吧。

孩子在出生後的幾年內，是求知欲非常高的時期。雖然還是學齡前的階段，但孩子對日常生活的一切事物都會產生興趣與好奇心，所以我希望媽媽務必要讓她體驗各種事物。在這個時期，由於孩子會對語言特別感興趣，所以「多多跟她說話」與「唸繪本給她聽」都會成為非常好的刺激。

當孩子自己會說話之後，就會沒完沒了地連續問「為何？」、「為什麼？」。雖然當媽媽很忙碌的時候，這樣可能會讓人有點困擾，但媽媽還是應該盡量地用心地應對孩子的「為何、為什麼」。最重要的是，要坦率地認同孩子的求知欲，並採取應對措施。

那麼，很關心「培養孩子的學力」這一點的媽媽，從孩子就讀幼稚園前的時期開始，應該就已經會讓孩子做些與學習有關的事吧。但是，我希望大家能確實地理解「每個孩子的成長情況都不同，就讀小學前的個別差異特別大」這一點。

媽媽如果越是心急的話，就越會只在意孩子的成功與失敗。由於媽媽自己的視野會在不知不覺中變得狹隘，所以只要拿別人家的孩子來和自家的孩子一比較，就會忽喜忽憂，並感到焦慮不安。

但是，既然成長會有個別差異，那麼，就算孩子的年紀相同，既有早熟的孩子，當然也會有慢慢地依照自己的步調來前進的晚熟孩子。請各位媽媽把「孩子成長速度的快慢」這一點理解為那個孩子的個性。

即使孩子屬於「依照自己的步調來成長的類型」，也不需特別擔心。媽媽只要採取「不久後，她就能夠學會」這種悠哉的態度即可。

包括我的孩子在內，我看過許多孩子的情況。我切身地感受到，即使孩子在幼兒時期就接觸幼兒習題，並表現得很好，但這也未必會和將來的學力產生關聯。我唯一能斷言的就是「**幼兒期的學力和大學入學考試的成功率沒有關聯**」。

因此，如果想一點一滴地讓孩子接觸幼兒習題的話，請不要用填鴨式的教育方法，而是要謹慎地選擇適合孩子能力的教材，並讓她做習題。

無論如何，大人都會拘泥於「成功或失敗」這項結果，並傾向用大人的感覺來判斷成長的快慢。

但是，孩子會依照適合自己的步調來觀察、感受各種大人幾乎無法想像的事物，並每天穩定地成長。

孩子會在「孩子所感受到的時間流動」中體驗許多嶄新的邂逅，並會既興奮又期待地生活著。請不要打斷那種新鮮的體驗，並持續地讓她的才能萌芽吧。

＊就讀小學前，需要多少學力？

對孩子來說，那種「忽視孩子能力，而且又不合理」的幼兒教育很難說是對孩子好。

不過，另一方面，我也能充分理解各位父母出於「到就讀小學的階段前，不是必須具備某種程度的學力才行嗎……」這種不安的想法。

我就來稍微說說這件事吧。

基本上，我能說的就是，如果父母曾考慮到「孩子的成長步調與能力範圍之間的平衡」的話，讓孩子去學習一些東西也無妨。

如果孩子對事物表現出興趣，並起勁地說「想要做更多」的話，父母也沒有任何理由拒絕。

不過，「讀書寫字」與「和數字有關的知識」等，何者才是就讀小學前的孩子所需要的呢？因為答案會受到「孩子的興趣、好奇心」很大的影響，所以面對這個問題，我無法一概而論。

然而，「自己看得懂字」、「能寫出家人的名字」、「會簡單的加法」這些事都與孩子的自信有關聯。

另外，只要孩子對任何一件事有自信的話，孩子在剛就讀小學時，就不會對唸書產生反感，而且變得喜歡唸書的可能性會提昇。

即使如此，也不需有「想把孩子變得無所不能」的欲望。

孩子只要對一件事有自信的話，即使小學生活充滿了「初體驗」，孩子還是能夠安心地度過。

父母只要透過那樣的「某件事」來讓孩子早點獲得「成為班上第一」的經驗的話，孩子的幹勁就會突飛猛進，而且這樣做也有益於孩子面對之後的課業。

＊關於小學入學考試的想法

對於家中有快要就讀小學的女兒的媽媽來說，我認為幼兒教育或小學入學考試都是媽媽們非常感興趣的話題。

但是，我不太能夠對「父母讓孩子徹底地接受幼兒教育，並讓孩子參加小學入學考試」這一點抱持肯定態度。

我來說明理由吧。

理由之一在於，根據事實，在日本有接受小學入學考試的孩子在入學後，其學力成長情況並不怎麼值得期待的現象。

在被稱為名門的學校中，有許多家長認為，只要讓孩子入學的話，自己就完成了所有必要的任務，之後家長在課業方面，也很少提供協助，而且這種情況在名門大學的附屬學校中更是特別常見。

話說回來，入學考試組的父母是為了什麼目的才想讓孩子參加考試，進入私立學校呢？

我想理由有很多種，但大多數都是「想要趁孩子還小時，讓她就讀好學校，並在之後讓孩子輕鬆地直升上去」、「（因為是女生）所以希望她在就讀小學、國中、高中時，都能在不用與人競爭成績的環境中過著悠然自得的生活」這類理由。

其中，有的家庭讓孩子參加考試的目的在於「父母的虛榮、父母的社會地位」，而且完全忽視孩子的特色。

無論理由為何，最後這些父母也會對孩子本身灌輸「只要合格的話，之後就能一路升上大學」這種觀念。

雖然我看過許多小學入學考試組的父母，但是我從來沒遇過擁有「由於孩子好不容易才考上名門大學的附屬小學，所以今後要讓她拼命唸書，以提高學力」這種想法的父母。只想能夠直升的話，應該很輕鬆吧。

不過，各位家長應該先了解到，在輕鬆的背後，卻有「孩子很難培養出『能夠磨練自己的能力，並發奮向上』的雄心壯志與競爭心」這項缺點。

事實上，為了應付入學考試，因此以名門小學為目標的孩子們會從幼稚園時期就開始上幼兒教室。他們會一邊變得精疲力盡，一邊遭受斥責，偶爾還會一邊哭泣，一邊被人要求做許多事。

但是，孩子在那裡學到的是「專門針對志願校來準備的考試技巧」，與所謂的「學力」不同。

因此，即使是考試組，在就讀小學後，也應該讓孩子努力唸書，以確實掌握學力。

孩子若是一輩子都要在那間學校裡生活的話，就無所謂，但不可能會有那種事。

小學入學考試組的孩子將來當然也必須出社會，並自立。明明事實是如此，但家長卻在孩子還小時就把「將來能夠輕鬆取勝」這種天真的價值觀灌輸給孩子，無論怎麼想，我都無法贊同這一點。

＊也要考量國中入學考試的事

另外一項理由則是，在考試對策中必須要做的事，也就是所謂的「學習」。家長並不能讓孩子依照自己的興趣或好奇心來選擇學習項目，而是要強迫孩子去學習。

基本上，在幼兒時期，「讓孩子做會讓她開心的事、她想做的事，然後讓她實際感受到『我成功了』」這一點是非常重要的。

因此，「稱讚孩子的成功，使她成長，不要斥責她的失敗」這種態度很理想，但是如果要應付入學考試的話，家長們就很難採取那種態度。

在孩子即將參加小學入學考試時，由於媽媽自己大多會變得非常不安，無法保持從容的心態，所以當孩子的表現不如預期時，媽媽經常會變得很激動，並把孩子逼到走投無路。

在這當中，應該也有「即使被嚴厲斥責，也仍然不會討厭唸書」的孩子吧。但是，在這個階段，兒童成長情況的個人差異還是很大，不習慣這種做法的孩子也絕不在少數。當孩子屬於後者時，如果家長無視孩子的特性，並實施入學考試對策的話，就有可能會剝奪孩子的熱情與自信。在這個意義上，此方法可以說是相當冒險的嘗試。

由於這是一個重大問題，甚至會關乎孩子將來的人生，所以我希望父母要非常慎重地研究這一點。

由於我剛才所說的話，畢竟只是我多年來觀察過許多入學考試組的孩子後所得到的感想，所以如果大家還是認為「即使如此，我還是要讓孩子參加小學入學考試」的話，那也是大家的自由。

但是，既然如此，就請不要忘記「您必須做好堅強的心理準備，並努力地提昇孩子的學力」這一點。

最後，我要給認為「我不是因為想讓孩子輕鬆，而是真的想讓她提昇學力，才考慮讓孩子去參加小學入學考試」的媽媽一些建議。如同我到目前為止說過的那樣，老實說，讓孩子進入直升式的小學後，提昇孩子的學力會是一件很困難的事。

若您想要追求真正的學力的話，請等到「孩子能夠依照自己的想法來訂立目標，並且能選擇與那目標相符的志願校」後，再來考慮「讓她參加國中入學考試」這個選項。

如果無論如何都要選擇私立或國立學校的話，最好選擇不會直升高中或大學的學校。

國中入學考試和小學入學考試不同，如果沒有徹底地掌握基本學力的話，就無法通過考試。由於透過「準備考試的唸書過程」，孩子就能將學力提昇到相當高的程度，所以我會推薦這條路。

已經讓孩子去參加小學入學考試的父母，應該也能重新了解到「還有『讓孩子去參加國中入學考試』這項方法」吧。

上小學後，藉由預習來提昇學習能力吧

＊低年級、八歲學齡期，是「早熟型」的女生能夠發揮本領的時期

那麼，我就來針對「就讀小學後的學習」這一點進行說明吧。我希望您在此處能夠回想起我曾經在第三章說過的「女生的成長特徵是早熟」。

各位媽媽請務必要把這件事確實地銘記在心。

在這個時期，女生的成長速度很驚人。

雖然個人差異仍然還是存在，但在家中時，媽媽還是應該想辦法有效地激發孩子的高度求知欲，以及孩子對於知識的高度吸收力。

認真說起來，小學的課程會編排得比較寬鬆，孩子不會感受到壓力。在班上，女生會和成長速度較緩慢的男生一起上課。

因此，對成長速度較快的女生來說，由於她在學校的課業方面能夠輕鬆獲勝，所以常會覺得不滿足，而且這會讓孩子不知道該怎麼應付學校的緩慢教學進度。就當事人來看，自己是處在「明明想要繼續前進，卻不得不原地踏步，等待課堂進度」的狀態下。

我認為在這種情況下，這種「不知道該如何是好的時間」會令人感到非常可惜。那麼，該怎麼做才是最好的呢？

正確答案是「不要拘泥於課程進度，而是要讓女生不斷地超前進度」、「不要配合課程進度，而是要配合孩子的成長速度來提昇學力」。所以，**在孩子就讀低年級（八歲左右）時，「毫不猶豫地依照當事人的意願來讓她學習」這一點才是讓孩子成長的關鍵。**

不要拘泥於各年級的課程安排，而是要不斷地讓孩子超前進度，並預習課程。

在面對「我之後會說明的『九歲（十歲）的障礙』」前的低年級時期，孩子的純粹背誦能力會特別厲害。

因此，把漢字檢定考（此為日本特有的認證考試）等當作目標，讓孩子反覆做國字習題也很好。雖然不是背誦，但讓孩子透過較高年級的國語閱讀測驗來提昇閱讀能力也是個好方法。或者是，當孩子到了中年級時，如果試著讓她練習背誦國中的英文單字的話，她也不會覺得很辛苦，反而會一邊覺得很有趣，一邊背誦。

對愛逞強的女生來說，「稍微做點高年級的事情」這一點本身會令她感到高興，而且也會使她充滿幹勁。

另外，由於女生很勤奮，而且專注力也很高，所以我希望家長能特別著重算數的練習，並讓她去做算數習題。最近有很多男生和女生都會在小學的算數，以及國中的數學中受挫，而且很大的原因在於「計算能力不足」。

孩子一旦遭遇挫折，就會開始覺得自己不擅長該科目，而且會逐漸變得很難挽回情況，所以我們可以說，「在早期就讓孩子喜歡上計算」是一項非常明智的對策。

接著，我要說明另外一項「建議女生進行預習」的理由。

如果女生在小學低年級時，就因為「在學校課業中能夠輕鬆取勝」這一點而嚐到甜頭，並開始偷懶，草率地應付家庭作業的話，就無法培養出唸書習慣，也無法提昇最重要的學力。

當這樣的女生就讀國中時，由於男生的成長會開始加速，所以女生就會輕易地被追過。不只如此，這種女生也容易陷入「正因為沒有唸書習慣，所以成績會逐漸地下滑」這種最糟糕的成長模式。

為了避開這種令人困擾的情況，所以我希望各位家長能夠讓孩子透過「在家預習」來養成唸書習慣，同時也要讓孩子去做許多「做得到的事」、「擅長的事」，以鞏固基礎學力，使她成為「對唸書有自信的女生」。

請大家先記住，當孩子進入國中、高中就讀時，女生在小學時期因為愛逞強而愉快地掌握到的「預習效果」＝「基礎學力和自信」會成為非常有利的武器。

＊輔導她跨過「九歲（十歲）的障礙」

九歲的障礙

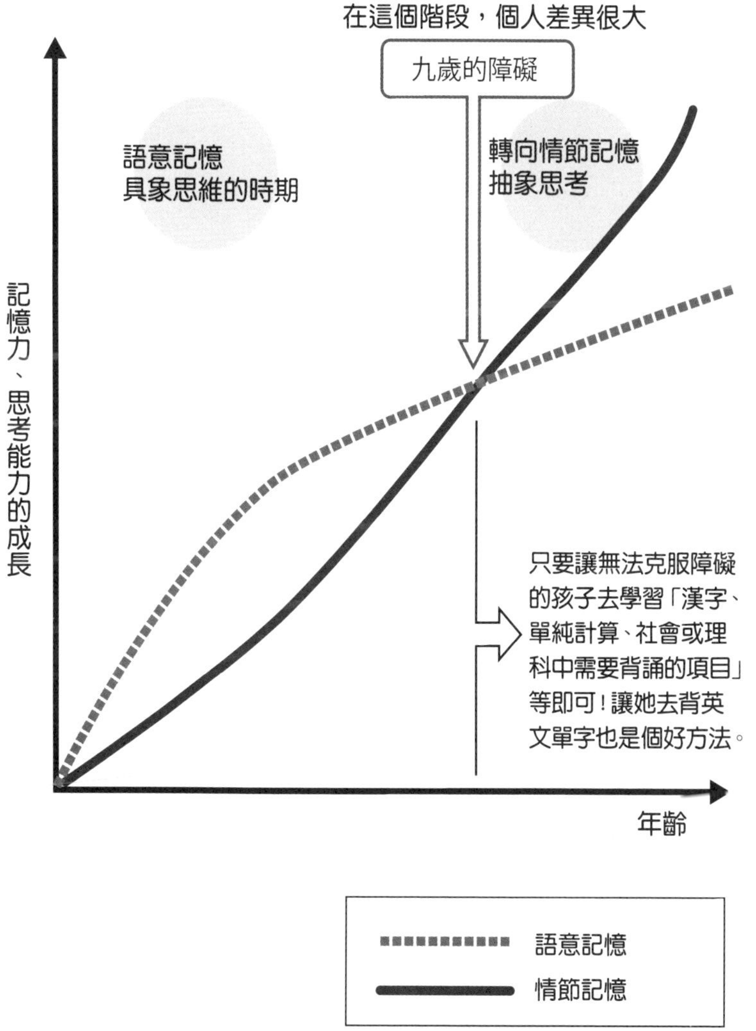

※本圖是將「孩子的記憶力等能力的成長曲線」簡化後的示意圖。

大家有聽過「九歲（十歲）的障礙」這句話嗎？這對就讀小學的孩子來說，是非常重要的成長議題，所以我想在此進行說明。

「九歲的障礙」這個詞彙原本似乎是日本知名聾人學校的老師所使用的詞彙，意指「因為在九歲時，孩子會開始經常面對抽象性課題，所以其內心會產生一道難以跨越的障礙」。

實際上，在那之後，各類教育心理學者都承認了這個詞彙，而且此詞彙也成為一項表示「孩子只要一到九歲，就會面臨新的心智發展過程」的定論。這就是此詞彙的來龍去脈。由於NHK的節目『現代大特寫』針對這點做了名為「跨越十歲的障礙吧」的特輯，所以人們變得很常使用「十歲的障礙」這個詞彙。（編註：此詞彙存在於日本父母們的認知中，台灣尚未有此定論。）

孩子的成長大致上可以分成兩個階段。

第一階段是「擅長語意記憶，以具象思維為主」的時期，從孩子出生開始算起，此階段大約會持續九～十年左右。

即使僅有這麼一點說明，應該還是有許多媽媽會認為「原來如此，情況的確是那樣呀」吧。在教養孩子時，父母經常會對「孩子在此時期的驚人記憶速度」感到驚訝。以日常會話的詞彙與角色名稱為首，孩子會把所有見過的、聽過的東西都記下來，而且這種能力是大人比不上的。

＊讓她依照她的成長步調來逐一完成「做得到的事」

接著，進入第二階段後，孩子的能力特性會稍微產生變化。這次，孩子的心智會從「完全死記型的語意記憶」發展為「會透過經驗與理解能力來記憶事物的情節記憶」。與此同時，孩子也會從「只會進行具象思維的狀態」成長為「能夠進行抽象思維的狀態」。只要抽象思維能力開始發展，孩子就會變得能夠理解或推測事物的因果關係。

透過算數來舉個簡單易懂的例子吧。

在具象思維的階段，孩子能夠不斷地算出單純的算數問題。

但是，由於孩子一邊閱讀文字，一邊推測事物的能力還不是很好，所以當孩子遇到含有稍微複雜的文字的應用問題時，就不太能夠解開問題。

不過，當孩子發展到抽象思維階段時，即使遇到文字較困難的應用問題，也能夠解開。這一點就是這兩個階段的差異。

「九歲（十歲）的障礙」這個詞指的正是這兩個階段之間的過渡期。

因為此現象叫做「九歲的障礙」或「十歲的障礙」，所以人們常會認為「每個孩子都會在此年紀面臨這種現象」，不過，實際上，由於每個人的成長情況都不同，所以如果成長步調較緩慢的話，孩子即使在「從小學高年級到國中這段時期」才跨越障礙，也不稀奇。

因此，雖然大家不需要過於在意「障礙出現的時期」這一點，不過，由於孩子尚未克服障礙，所以孩子在課業上會比較辛苦一點，像是沒辦法順利地解開數學的應用問題或國語的閱讀測驗等。

當媽媽看到「孩子到了『障礙差不多要出現了吧』的年紀，並在課業上面臨苦戰」時，請給予孩子協助。如果孩子明明只是在將要克服障礙前稍微停滯一下而已，就被媽媽用「為什麼做不到」、「這樣可不行啊」之類的言詞來責備的話，反而會產生反效果。

既然孩子處於「即將克服障礙前的階段」，就應該讓她發揮她擅長的語意記憶或具象思維能力。

在這段時期，練習算數也好、背英文單字也好，家長只要讓她不斷找到當時能做到的事情，並讓她去做，這樣就行了。請大家理解這種出現在成長過程中的「障礙」，並關懷孩子。

＊升上高年級後，變得對唸書提不起勁時

接著就來看看孩子升上高年級後的學習情況吧。

如同我到目前為止說過的那樣，孩子只要趁低年級時期好好地鞏固基礎學力的話，就算升上高年級，孩子還是能夠依照過去的步調來持續進行預習。

由於此階段可以說是「鞏固小學的基礎學力」的時期，所以無論孩子是否要參加國中入學考試，都應該讓孩子去挑戰國中入學考試的問題集，或者是，如果住家附近有「專門為國中入學考試而開設的補習班」的話，嘗試讓孩子去上補習班也是個好方法。

不要只讓孩子在家學習，也要讓她看到「以國中入學考試為目標，認真努力的同年齡朋友」的模樣，使她感受到良性的刺激。以此為契機，孩子可能也會開始訂立自己的目標，而且這對成長也有很大的幫助。

接著，有些孩子過去明明能夠順利地學習，但卻會隨著年級往上升而逐漸退步，或是無法跟上補習班的課程進度，並變得對唸書失去幹勁。

孩子一旦陷入這種情況，就無論如何都會開始說出許多藉口，像是「反正我就是不會唸書」、「由於我是女生，所以唸書這種事對我來說無所謂」等。此時，父母的應對方式是非常重要的。

舉例來說，如果家長正在考慮讓孩子參加國中入學考試的話，就應該向孩子說明「任何人都會有低潮」，並一邊觀察她的情況，一邊讓她繼續準備考試。

除了這種輔導方法之外，家長也要依照情況來改變教育方針，像是「讓孩子更改志願校」、「讓她放棄考試」等。如果補習班不適合孩子的話，試著換其他家補習班也是一種方法。

另外，如果孩子不參加入學考試的話，就應該建議她「暫時只專注於擅長的科目，並試著努力看看」。從「尋找孩子能做到的事」這層意義來看，家長也可以考慮讓她試著學習國中的課程。

總之，當孩子變得無法專心唸書時，父母要確實掌握她的情況。就算是繞遠路也沒關係，父母要留意這些事，並用溫暖的心去輔導她，使她再次產生想要唸書的想法。

＊關於國中入學考試的具體建議

當大家考慮讓孩子參加國中入學考試時，我希望大家能夠先了解幾項重點。首先，第一點是「父母搜集資訊的能力非常重要」。如果住在大都會區的話，會比較容易搜集到關於國中入學考試的資訊。不管怎樣，此時都會輪到媽媽登場。

那麼，當孩子在研究國中入學考試時，媽媽應該在孩子幾歲時，第一次去參加國中的招生說明會呢？

是「在孩子升上六年級之後」嗎？很遺憾地，這樣的話，就太遲了。如果可以的話，我希望大家在孩子升上四年級後，就開始持續地去參加自己中意的學校的招生說明會。

在孩子還沒確定志願校的時期，家長只要能夠取得好幾間學校的教育方針、課程表、升學實績等資訊的話，就能將其當作研究資料，並有效地利用。「勤奮地確認學校網站的資訊，並和孩子一起參加該校的文化祭，實際體驗學校氣氛」這一點也很重要。

當您和孩子對於「選擇學校」的看法不同時，由於「包含將來在內的事情」也是你們應該仔細考慮的，所以請你們互相商量到雙方達成共識為止。屆時，請您清楚明白地告訴孩子「由於今後社會會變得更加嚴峻，所以就算是女生，也必須確實地掌握學力」這一點。

我還有一點想要提醒大家，那就是「即使進入評價良好的國中，仍然會有人因為不適應校風與課程安排而變得討厭學校」。

雖然在選擇國中的時候，不會有比「出色的教育方針」或「高升學率」還要重要的事，但父母不光是要注意這點，也要充分考慮「這間學校適不適合孩子的個性與能力特性」。

孩子的學習 父母能夠協助的事

幼兒期～就學前

- 如果孩子對語言產生興趣的話，就多跟她說話
- 唸繪本給她聽
- 當她詢問「為何」、「為什麼」時，要盡量回應她

小學

- 如果課程滿足不了孩子的話，讓她不斷預習也無妨
- 如果她在課業上受挫的話，也可採取「暫時只讓她唸拿手科目」這招
- 「掌握孩子的低潮，並輔導她」是很重要的

國中以後

- 讓她擺脫被動的學習態度，使她能夠慢慢地在學習方面「自立」

＊在學力方面，也要以「自立」為目標！

我曾說過，在小學時期結束前，重點在於，要善用「女生會老實地聽從老師或父母的話，並確實完成師長所交代的課題的個性」，讓孩子養成唸書習慣，並增強基礎學力。為了讓孩子培養出「面對唸書的基本態度」，所以，首先從這一點做起才是正確的做法。

但是，我希望父母在那段時期的不久後，能夠讓孩子變得會**自動自發地訂立目標，會自己思考「為了實現目標，所以需要什麼樣的唸書方法」**，並做出選擇。當孩子還是小學生時，「確實地完成別人所交代的事情」這個方法並不會造成什麼問題。然而，在這之後，當孩子升上國中或高中時，孩子對於唸書的想法必須轉變成我之前說的那樣。請您暫且先將這一點放進腦海中吧。

如果不那樣做的話，孩子在參加大學入學考試時，就會感到特別困擾。如果想要讓孩子自己決定志願校，並針對那所大學進行特殊讀書法的話，光靠孩子在唸高中時所採用的「有如操作手冊般的被動式讀書法」是行不通的。

如果要說得更深入一點的話，我們可以把大學入學考試稱為人生目標。由於每個人的人生目標都不同，所以如果孩子一直都處於被動態度，並等待別人下達行動指示的話，就會令人很傷腦筋。在讀書方面，孩子也必須逐漸地自立。

我在第二章曾提過「高材生的悲劇」。該章節的內容是，孩子把「在學校拿到好成績」當成最終目標，並成為缺乏「能夠讓自己的能力更進一步地成長的熱情」的高材生。在今後的時代，這種人很難實現「獨立自主的幸福人生」。

我想要拜託各位媽媽的是，**希望您不要設定「這種程度就夠了」的目標，也不要擁有半吊子的滿足感，因為那種目標與滿足感會抑制女生的成長，使女生的能力無法更上一層樓**。真要說起來的話，父母比較容易對課業成績還算可以的孩子產生半吊子的滿足感，而且這種半吊子的滿足感可以說是「正因為孩子做到了，所以才會出現的陷阱」。

當孩子就讀小學時，許多父母會想要透過許多方法來讓孩子變得喜歡唸書，我認為這是非常好的事。但是，請您再次試著回想看看，這個目標是否變成了「讓孩子在學校內當個優等生」或「因為是女生，所以只要全部的成績都還過得去就行了」那種等級設定得令人感到遺憾的目標。

編註：本章節的描述內容是日本的教育現況。其中作者所提倡的教育理念，提供給台灣的家長們做為參考。

第6章

避免讓孩子因朋友、青春期、戀愛而受挫

輕易地與人成群結隊的想法對孩子無益

*朋友重「質」不重「量」

當孩子進入青春期後，過去最依賴媽媽的孩子也會開始一步步地邁向外面的世界。在這個時期，「和朋友一起度過的時光」會變得比「和媽媽一起度過的時光」占有更大的份量，而且有不少女生會對自己與朋友之間的關係感到苦惱。

不知道是不是因為女生原本就有「想要結交夥伴」的強烈傾向，所以她們會對朋友的人數非常敏感。對她們來說，「朋友很少」或是「被排擠」都是非常丟臉又不光彩的事。

因此，人們原以為「學生窩在洗手間吃午餐」這項曾經一時成為話題的現象比較常發生在男生身上，但其實此現象也很常發生在女生身上。

這種現象之所以會發生，也是因為女生有著「獨自吃午餐的自己」＝「沒有朋友可以一起吃午餐的人」的想法，而且「不想讓其他人看到自己一個人吃午餐」這種心理會產生強烈的作用。

另一方面，也會有不少孩子會和「那種女生社會的風氣」劃清界線，她們不屬於小團體，而且討厭成群結隊。但是，當孩子獨自一人時，媽媽就會變得非常擔心，並會焦急地問「為什麼妳會落單呢」、「妳被朋友討厭了嗎」。

那麼，在友誼關係方面，媽媽應該傳達給孩子什麼樣的價值觀呢？

您是不是會暗中傳達「因為是女生，所以有很多朋友會比較好」、「朋友少的孩子會很孤單」、「因為妳是女生，所以妳必須配合周遭的人」這類想法呢？您是不是會無意間說出「妳沒有朋友嗎？沒問題嗎？」這種話呢？

在這種社會背景下，父母的腦海中會浮現最近發生的「排擠、霸凌」等各種與孩子相關的問題，並不禁祈求「總之，希望孩子能夠平安無事地與人好好相處」。這種為人父母的心情是我們能夠想像的。

說不定媽媽自己也無法抵抗「媽媽友團體」內的同儕壓力，因而處於不得不配合旁人的情況。我也能夠想像，這一點或許會帶給各位母親某種影響。

但是，這樣的媽媽所傳達給孩子的訊息會變成是在把「朋友很少是不好的」、「要配合旁人，才能平安無事」這種價值觀灌輸給孩子。

不過，這不是很奇怪的想法嗎？

朋友並不是想要結交就能夠立刻結交到的。我們必須花費相應的時間來加深人際關係，然後才能結交到朋友。另外，透過「『朋友多』就表示『人品優秀』」這種簡單的圖表，並無法說明這件事。

媽媽不可以將含有「無論如何，妳就是要去結交能夠總是待在一起的朋友」、「即使或多或少會感到厭煩，也不要把事情鬧大，而是要去配合旁人」這些想法在內的價值觀傳達給孩子。

我希望媽媽不要傳達那種價值觀，而是要堅決地把「人未必要成群結隊」、「重要的是朋友的品質，而不是人數多寡」這種價值觀傳達給孩子。即使孩子的朋友很少，也請告訴孩子，那完全不是令人感到羞恥的事。

如果母親把「可以隨便地與人成群結黨」這種想法灌輸給孩子的話，對她的將來並沒有幫助。即使是女生，要是沒有「我即使不與人成群結黨，也能依照自己的想法來行動，所以沒有問題」這種自立心的話，就無法在今後的時代存活下去。

＊女生小團體中的領袖很少會成為成功者

小團體一旦形成，就必定會出現一名宛如領袖般的女生。當這個領袖的心情好時，大家只要好好配合她，別製造糾紛的話，就不會引發大問題，並能安然度日。但是，即使大家表面上過得很安穩，還是常會發生「旁人不得不順從領袖的意見」這種情況。

要是孩子的能力比領袖優秀的話，她的情況就會變得更加悲慘。對「懦弱的孩子、不擅長應付領袖的孩子、有能力的孩子」來說，她們會身處在「如果不加入小團體的話，情況就會很不妙」這種想法與「對『必須配合領袖』感到很痛苦」這一點的夾縫中，並承受壓力。

並非只有孩子的世界才會出現這種小團體領袖。「媽媽友集團、ＰＴＡ、因興趣而組成的社團」也是如此，只要團體內聚集了眾多女性的話，就容易形成這種情況。

乍看之下，女生小團體的領袖給人的印象是非常有影響力的大人物。但是，我要在此先說清楚。女生小團體的領袖只不過是在那個小團體中虛張聲勢罷了，不管在學生時期，還是在長大成人後，情況都是如此。以女生的現象來說，我們即使斷言說「學生時期的小團體領袖出了社會後，幾乎都不會成為成功者」，應該也沒問題吧。

我認識很多在各界活躍的女性，但在她們這些成功者裡面，沒有人曾經是稱霸女生小團體的領袖。認真說起來，那種「既討厭女生小團體文化，又特立獨行的人」會比較顯眼。

她們在學生時期，搞不好都是女生小團體的領袖看不順眼的對象。其他人會嫉妒她們的能力，並暗中說她們的壞話。然而，她們在出了社會後，之所以能夠建立實績，就是因為她們沒有被同儕壓力吞沒，而且她們還能磨練自己的能力，並以此為武器，持續開創人生。

過去，您很少聽過這種事嗎？

但是，當各位媽媽在思考孩子的同儕團體問題時，這種存在於現實中的事情應該會成為很大的提示。當孩子似乎在煩惱同儕團體的事情時，請務必要對她說：

「妳不需要對領袖百依百順。妳只要磨練自己的能力，並在長大成人後，去實現比『領袖以及只會迎合領袖的人』還要棒的人生就可以了。」

女生們的友誼關係

糟糕的勸說例子

「為什麼妳總是一個人？沒有朋友嗎？沒問題嗎？」

「即使多少有些討厭的事情，也要去配合旁人。」

OK 的勸說例子

「朋友重質不重量。朋友就算少也沒問題！」

「就算不加入女生的小團體，也沒關係。」

「不用對擔任小團體裡領袖的女生百依百順喔。」

「由於待在學校的時間只有短短幾年而已，所以不需要過於煩惱友誼關係。」

透過正向的訊息來讓孩子的心變得堅強！

「媽媽永遠都會站在妳這邊喔！」

「妳不需要為了『學生時期的短短數年間才會發生的女生小團體問題』而過度煩惱。去尋找自己的將來吧。妳只要相信自己的道路，並向前邁進就行了。」

「媽媽永遠都會站在妳這邊喔。」

這種由媽媽口裡說出來的訊息，會讓孩子的心變得堅強。

當孩子因為友誼關係而感到鬱悶時

＊孩子需要「不會有同儕壓力的環境」與「不會被排擠的環境」

在生活中，孩子主要會往來於「學校」與「家庭」這兩個世界。在這段時期，學校內總是會潛藏著我之前所提及的「友誼關係問題」。若是當事人遊刃有餘，覺得「沒什麼問題」的話，我認為父母只要採取「關注她的情況」這種態度即可，但我還是要說明「當情況變得較嚴重時的對策」。

孩子每天都要在固定的時間和一成不變的班級成員在同一間教室裡一起生活，這是理所當然的事情，但這種情況其實會使學校變成一個很不自在的環境。

如果孩子持續出現「與朋友處得不好、遭到排擠、遭人欺負」等情況的話，請您務必要試著替孩子準備「除了學校以外的新環境」。

如果孩子越是覺得「學校這個狹小世界的人際關係就是一切」的話，就越會被壓力逼得走投無路。在這種時候，如果可以找到一個「能讓孩子變得朝氣蓬勃的地方」的話，對孩子來說，會是很大的救贖。

比如說，您可以試著讓孩子去上「升學補習班」或「運動教室」。在那些地方，孩子能夠遇到很多在「人際關係一成不變的學校」內遇不到的朋友。

有的孩子為了避免在學校遭人排擠或惹人嫉妒，所以必須隱藏自己的能力，或是說謊，但這樣的孩子卻經常能夠在補習班裡朝氣蓬勃地努力唸書。如果學校教育中沒有競爭的話，首先，孩子就無法在「只要努力的話，成績就會進步，要是稍微偷懶的話，則會退步」這種非常簡單易懂的體系中體會到「自己的努力與能力會直接受到肯定，而且能夠互相認同對方」這種經驗。

讓孩子置身在與「校內同儕小團體中會出現的互相嫉妒、互相扯後腿等情況」不同的新環境中，應該會對孩子有所幫助。

＊當孩子受到手機郵件的拘束時

「孩子每天都熱衷於和朋友傳手機簡訊，無法專心做其他事」、「即使到了該開始唸書的時間，孩子還是把手機擺第一。就算父母勸告她，她也是一副心不在焉的樣子」——當女兒進入青春期後，對女兒的這種情況感到嘆息的母親就會開始增加。

聽聽孩子們的說法後，就會知道她們正處於「收到簡訊後，如果不馬上回覆的話，就會被人說閒話」、「不回覆的話，又會收到催促我回覆的簡訊」之類的情況。十幾歲的她們根本無法想像沒有手機的生活，而且她們幾乎是在說「簡訊正是能夠把自己與朋友連接在一起的羈絆」。

但是，在和簡訊相關的部分，如果就讓孩子那樣為所欲為的話，就會沒完沒了。父母應該會想要讓孩子在某處設下底限吧。那麼，父母該如何說明這點給孩子聽才好呢？許多父母都會對這點感到困擾。

首先，重要的是**要清楚地告訴她：「如果是真正的朋友的話，就算妳不立刻回覆簡訊，友誼關係也不會受到損壞。」**

雖然乍看之下，孩子很快樂地在傳簡訊，但她們的行為也確實有受到某種強迫觀念的影響。她們非常害怕「如果沒有不斷地立刻回覆的話，自己是不是就會脫離那個朋友圈呢」這一點。

因此，她們的真心話會不會不是「100%的快樂」，而是「對於朋友之間的互相束縛感到很難受」呢？不過，就算是這樣，她們也絕對不會自己先說「要控制自己傳簡訊的次數」，並會陷入進退兩難的情況。

我能預測到，如果媽媽對青春期的女生說：「朋友間的交流和朋友都是重質不重量。」

她就會頂嘴說：「就是因為這樣，所以媽媽才會那麼落伍！」但是，恕我斗膽說一句，您不可以因為這種程度的反擊就感到退縮。

接著，請您試著反問看看：「那麼，如果妳真心認為妳的朋友沒有立刻回覆簡訊的話，妳就不和她做朋友了嗎？她再也不是妳的朋友了嗎？」

既然兩人的關係能說是「真正的朋友」的話，即使對方沒有立刻回覆，孩子還是能夠接受對方吧。在教育孩子時，「不省略這種理所當然的事情，並清楚地告訴孩子這些話」這種態度是非常重要的。

雖然在忙碌的生活中，大家總是會不知不覺地就省略這些事，但我還是要請各位家長仔細地一一處理這些事。

＊當孩子在交友關係上遭遇問題時

如果孩子現在處於「會不斷遭人排擠或欺負的小團體」內，而且在升上國中後也可能要持續與其打交道的話，那就會是一個非常令人困擾的問題。如果孩子就讀小學時，友誼關係方面就已經發生許多問題的話，或是家長已經知道預定要就讀的國中的環境很惡劣的話，父母就應該盡早事先思考對策。

又或者孩子身旁的朋友小團體對唸書的看法很悲觀，或是會強烈嫉妒做得好的孩子，從父母的角度來看，這些情況都和「孩子與『言行舉止實在很有問題，而且會對孩子產生不良影響的朋友』聚在一起」一樣。

孩子進入青春期後，會傾向於把「有互相往來的朋友所形成的小團體」的價值觀擺在第一位。到目前為止，我也曾提過這一點。此時，在身處的小團體中，如果孩子的人際關係良好，而且對方的價值觀也沒有問題的話，那就不用擔心。

但如果情況不是那樣的話，就可能會產生許多麻煩。要是不小心的話，孩子可能會一下子就染上「我們不希望孩子染上的價值觀」，而且這種情況經常發生在女生的世界中。

如果孩子在交友關係上發生不好的狀況時，最好的解決之道，就是「如果可以的話，替她準備新環境」。因此，讓孩子在「升上國中」這個時間點參加入學考試，並改變環境，也是一種教育女兒的方法。

因此，我認為父母應該要早一點著手準備，考慮讓孩子參加國中入學考試，並去思考「製造出能夠讓女兒與『符合家庭教育方針的同齡孩子』相遇的機會」等方法。

有的父母會提出「父母為了孩子的交友關係著想，所以製造出一個環境給她，這樣做不會太超過嗎」這種意見。但是，進入青春期後，環境的好壞絕對會對「孩子今後要走的人生方向」產生不小的影響。

如果孩子所處的環境沒有任何問題，或是「雖然多少有點問題，但還在可接受範圍內」的話，父母也許不需要考慮那些事。我希望您從平常就仔細地觀察孩子的情況，並聆聽孩子的話，然後再來判斷那些事。

青春期的戀愛和給予孩子的支持

*雖然不是要禁止戀愛

只要一進入青春期，對女生來說，「朋友的價值觀」就會變得比「媽媽的價值觀」還要重要。接著，當孩子交了男友後，「男友的價值觀」所帶來的影響會比「朋友的價值觀」更大。

與男友交往前，孩子最重視的是與朋友的來往，但是她一旦交了男友後，就算和朋友的感情變差，或者不管要放棄什麼東西，男友都是她心中的第一順位。

我只要和「家中有正值青春期的女兒」的媽媽聊天的話，就會聊到「是否允許孩子在十幾歲時談戀愛」這個話題。

說到我自己的想法，我不認為「青春期戀愛」絕對要禁止。但是，我希望父母能夠先確實地理解「大部分的女生只要牽扯到性問題的話，就會產生很大的風險」這一點。

關於性問題，我會在其他章節中重新說明。

那麼，大家對「青春期戀愛」有各種看法，夫妻之間也可能會出現不同的意見。「『青春期戀愛』能夠使人快速成長」也是其中一種看法，也有人認為「『青春期戀愛』能夠訓練孩子和異性交往」。

但是，我可以斷言這種想法是幻想！說到「身心都尚未成熟的人之間談的戀愛，能夠使人成長嗎!?」這個問題的話，我覺得這不太能夠期望。

從年齡上來看，如果孩子想要變得「了解社會」、「提昇對於他人的理解」和「知道何謂『愛一個人』」的話，的確還太早。如果說真正的戀愛是「成熟的人互相尊重，並一起成長」的話，那我就能夠說，我們沒有必要特意去助長青春期的戀愛。

＊女生會變得無法向男友說NO

對女生而言，如果男友比雙親和朋友還重要，女生自然就會逐漸受到其價值觀的影響。

在人與人之間的關係中，由於這件事本身是一種理所當然會發生的現象，所以我並不打算說僅僅如此就是有問題。

不過，青春期少女所交往的男友有可能是同學，但也很有可能是學長或年齡差距較大的大學生。

此時，應注意到的是，當交往對象較年長時，年紀較小的女孩子就容易處於被人控制的處境。簡單地說，這是一種「女生必須聽從男生的話，並接受其要求」的關係。想要逞強的女生會誤以為「連男友的性要求都接受」就是戀愛。這就是「成年人之間的戀愛」與「青春期少女的戀愛」的明顯差異。

只要長大成人，女性即使面對年長的男性，也能擁有主導權。這是因為，只要長大成人的話，年齡就不太會對兩者的關係產生影響。而且，成年女性充分理解「當自己遇到討厭或不滿的事時，只要明確說『NO』就行了」這一點。

不過，尚未成熟的青春期少女會因為「對方長得很帥、擅長運動、興趣很有趣、就讀名校」等在大人眼中不值得特別一提的事情而完全迷上對方。

當女生處於這種沉迷狀態時，只要走錯一步，就會遭遇到悲慘的事。

女生也許會透過「對於愛情的憧憬」或「單純的愛慕之情」等方式來關心對方。然而，男生在進入青春期後，會開始大量分泌一種名為「睪固酮」的男性荷爾蒙，而且性慾會提昇。女生也應該先了解這一點。

另外，其中有的男生會有「自己的女友＝性對象」這種想法。再者，有的男生為了滿足性慾，即使腳踏兩條船、見異思遷也不在意，這一點也是此年齡層男生的特色。因此，女生的專情容易受到摧毀。

女生的父母有必要充分地告訴她這點，直到當事人理解為止。

但是，女生常常會變得「除了男友說的話以外，什麼都聽不進去」，還會變得「和父母親對立，並覺得與朋友之間的關係怎樣都無所謂」。升上高中後，成績持續往下掉，並出現脫序行為的女生也絕不稀少。

我雖然不認為一定要禁止青春期的女生談戀愛，但我覺得女生應該先知道「她將會失去很多東西」這一點。請各位父母徹底將「女生必須保護自己」這項觀念傳達給她吧！

如果只靠媽媽來勸說的話，青春期少女也可能不會認真聽，此時請務必尋求爸爸的協助。倒不如說，由爸爸來將道德方面的價值觀說給她聽，應該會比較有效。

關於青春期的問題，「媽媽不管怎樣都會獨自承擔問題」這種例子變得很多。不過，媽媽還是應該與爸爸一起同心協力地處理問題，情況才會比較順利。

＊避孕、性病的知識是必要的；教導她十幾歲孩子會遇到的性風險

「性問題」會伴隨著「青春期戀愛」而來。當孩子進入青春期後，父母就沒辦法再說「這對我們家的孩子來說還太早」之類的話。

不管孩子會不會去談戀愛，各位父母都要在家中認真面對這個問題，並將正確的性知識傳達給女兒。其中特別有必要傳達的是「關於性病與懷孕的知識」。

首先，我希望您向孩子傳達的是「在性方面，女生會承受極大的風險」這一點。請各位母親把包含「性病、懷孕或墮胎等，無論何者，之後大多會使女生的身心受創」

這一點在內的知識傳達給女兒吧。這才是真正的「性教育」。

首先在性病（名為ＳＴＤ的病毒性疾病在最近特別受到社會關注）方面，您至少要將以下六點教給孩子。

- 性病（性傳染病）會經由性行為來傳染，而且最近感染性病的年輕人正在增加中。
- 在性病當中，也有「像愛滋病那樣，只要曾經感染，就難以完全痊癒」的疾病。
- 有些疾病會反覆地復發。
- 有些疾病會成為女生將來不孕的原因。
- 如同肝炎（將來大多會轉變為肝癌）或子宮頸癌那樣，有很多疾病雖然沒有被明確地列為性病，但還是會透過性行為來傳染。
- 由於有的疾病沒有「自覺症狀」，所以人們會在不知不覺中透過性行為來擴大傳染範圍。

「因為對方是同年齡的年輕男性，所以不用擔心孩子會生病」這種想法太天真了。很遺憾地，在社會上不管男性的年紀有多輕，那種和許多人發生過性行為的男性，也就是所謂的花花公子，要多少有多少。

我們必須嚴厲地教導孩子「當女生因為毫無責任感的性行為而導致懷孕時，就只能選擇墮胎」這一點。

各位父母請充分地讓孩子理解「如果大家都是成年人的話，即使發生性行為，並且懷孕了，也能夠承擔社會責任，但小孩是無法負責的」這一點。

當您在教導孩子關於性的知識時，最好也要同時向她說明「網路上的風險」。父母也要好好地告訴她，由於在所謂的「交友網站」或「會公開個人資料的網站」上，會很容易被捲入麻煩的糾紛之中，所以很危險。

為了避免網路糾紛，我建議即使孩子升上國中後，大家還是要把電腦放在家人共用的空間裡。

還有一點，我希望各位父母能先和孩子說清楚，那就是「關於性方面的羞恥心」。只要看看最近的媒體或網路，就會看到「有人過於露骨地談論性話題」的場面。有的人還會毫不在乎地透過郵件來隨意散布關於「性」的個人資訊。

只要遊走在法律邊緣，不觸及法律的話，不管多麼猥褻的事物都能在國內橫行無阻，這樣的社會真是令人傷腦筋啊。

正因為如此，父母應該先向孩子說明：「最好不要和不特定的多數人談起性行為方面的話題。我們不該毫無防備地隨意傳送個人資訊給他人。我們要有羞恥心。」

＊為了讓孩子從性風險中保護自己，所以父母要和她建立無話不談的關係

由於孩提時代和青春期沒有一條明確的界線，所以我們沒辦法說：「青春期的開端就是這一天。」雖然有些人會把初潮當作一種用來判斷青春期的標準，但最近女性初潮來臨的年齡正在下降中，所以我們無法斷言「初潮來臨就等於青春期的開始」。

但是，只有一點**能夠用來判斷「孩子大概進入青春期了」，那就是「當孩子會對父母有所隱瞞，並會將秘密與朋友分享」的時候**。

就像我到目前為止說過的那樣，到了青春期，孩子會產生「戀愛與性的問題」，並會有更多「對父母難以啟齒的事情」。

然後，對女生來說，她們在性方面，會抱持著風險非常大的問題。在這個時候，孩子如果無法對父母說出實情的話，就只會讓事態變得更嚴重。

因此，我在第四章提出了七條教養規則。

我希望您從她小的時候，就將「不隱瞞」和「不說謊」這些「家規」徹底地灌輸給她。

這是因為，當事情變得令人傷腦筋的時候，孩子如果能夠對父母坦白的話，就能大幅減少出現在青春期的風險。

尤其是關於性病、懷孕、墮胎的問題。光靠青春期的孩子與她的戀愛對象的話，是無法解決那些問題的。

站在父母的立場，雖然會想要為她祈禱，希望事情不要變成這樣，但萬一孩子主動說出實話時，請您要對「她勇於說出實話」這一點表達「感謝」的心情，並盡可能地替她想出最佳對策。

對於「孩子還要好幾年才會進入青春期」的媽媽來說，這或許是有點令人吃驚的事。但是，如果唯一的安慰存在的話，我們就可以說，從孩提時代開始就確實繼承了「父母的價值觀」和「自家的價值觀」的孩子不怎麼會誤入歧途。如果父母有順利地將價值觀灌輸給孩子的話，那她在做出「會遭到父母斥責」或「會使父母擔心、哭泣」的事情前，眼前會先浮現出父母的臉龐。

「自家的價值觀」會成為一股能夠避免孩子遭遇到「容易發生在青春期的問題」的力量。然後，為了從性風險中保護孩子，請您理解「建立無話不談的親子關係是必要的」這一點。

第 7 章

建立母親和女兒的良好關係

母親能夠成為女兒的「牆壁」嗎？

＊在孩子意識到「性」之前，媽媽是可靠的支持者，但在那之後呢？

我想平日距離過近的媽媽和女兒應該不太會去重新審視「母親與女兒」這兩者之間的關係吧。在本章節中，我想要說明「何謂理想的母女關係」這一點。

首先，讓我們稍微客觀地試著思考「對女兒來說，媽媽是什麼樣的存在呢」這個問題吧。

從孩子出生後到她進入青春期之前的這段期間，媽媽是絕對會保護孩子的人，這點從以前開始就沒變過。

這不僅限於女生，在兒子和媽媽的關係中，我們也可以說出相同的話。在這段期間，對孩子來說，媽媽的身邊是最舒適的地方。在世界上，孩子最依賴的人是媽媽。孩子可以在「媽媽的世界」裡安心度日。

當孩子和朋友吵架或心情難過的時候，只要跑回到「媽媽的世界」裡，她的心情就能冷靜下來，並會受到媽媽的溫柔安慰，恢復精神與笑容——這種事很常見對吧。

孩子會像這樣把「媽媽的世界」當作基地，一邊反覆往返於基地和「外面的世界」，一邊逐漸成長。**正因為「媽媽的世界」很穩定，所以當孩子出去「外面的世界」時，能夠不感到恐懼，並有精神地生活**。

在這段時期，雖然孩子嘴上會說著「我自己做得到」這種獨當一面的話，但如果媽媽不在身邊的話，還是會感到非常不安。

這種時期過了幾年後，青春期就會到來。進入青春期後，孩子會從至今最重要的「媽媽的世界」裡，一步步地踏向「外面的世界」，並會在「自己與朋友的世界」中尋求容身之處，然後開始擁有與朋友相同的價值觀。

雖然身為母親的人會對孩子的成長感到既開心又寂寞，但媽媽本身也必須依照孩子的成長階段來成長。簡單易懂地說，感覺上，就是在「從孩提時代延續到現在的母女關係」中，加入「對待青春期少女的方法」。

依照以前想法的話，大家會說母女是某種勁敵關係，或者會說母親是女兒的榜樣等等。

但是，我們只要看看最近的母女，就會發現情況與以往的分析有點不同。這種變化應該與「跟二、三十年前相比，過於明白事理的媽媽增加了，而且宛如朋友般的親子也增加了」這一點有關吧。

＊媽媽過於明白事理也值得我們深思

在最近這二十年間，母女關係朝著「融洽且對等的關係」這個方向，產生大幅度的改變。我們現在會經常看到，某些媽媽會主動且開心地公開說出「我們家的母女關係就像是朋友一樣」、「我和女兒與其說是母女，感覺更像是姊妹」這類的話。

另外，如果詢問這類媽媽對於教養的看法的話，會說出「我不會對孩子太嘮叨，我希望她能夠自由自在地成長」這種話的母親也變得不罕見了。

大家覺得如何呢？

在親子關係中，如果父母不太會去干涉小事情，而且父母凡事都會對孩子讓步，並採取寬容態度的話，就會給人一種「親子之間很少發生摩擦或糾紛，表面上看起來過得既安穩又快樂」的印象。

「原本就對『向孩子說嚴厲的話』感到猶豫」的媽媽，與「討厭『以父母的立場發出警告，使得孩子心情變差』這類作法」的媽媽，無論如何都會傾向於採取「多一事不如少一事」的態度——「不會遭到孩子討厭」的態度。

這會讓人深深地感覺到，父母的內心深處潛藏著「想被孩子喜歡」、「不想被孩子討厭」的想法。

但是，我們只要試著回想看看，**以前的媽媽絕對沒有現在的媽媽那麼通情達理**。尤其是「女兒快要進入青春期時」，當女兒在家庭外的世界裡找到樂趣和容身之處後，媽媽就會費盡脣舌地嚴厲告誡她的行為。以「回家時間」、「可以靠近的地方」、「不可以靠近的地方」為首，媽媽會嚴加看管女兒的所有行為。

對女兒來說，那是令人非常不自在又討厭的事情。

不過，正因如此，青春期的孩子才會強烈地擁有「想早點從囉嗦的父母身邊自立，並隨心所欲地生活」這種對於將來的期望。我認為「父母這種老派的態度」和「孩子的反抗心」是非常認真的。

反過來看，現代的情況是如何呢？

無論孩子到了幾歲，父母還是會驕寵著她，孩子待在這種父母身邊，既不會感到不滿，也絲毫不會覺得不舒服。有其父必有其子，所以孩子永遠也不會對這種親子關係產生疑問。

健全的成長過程應該是「孩子會在青春期反抗父母，並覺得『想要快點長大成人』」。但在現代，「沒有經過這種過程就直接長大成人」的例子並不少。

最近，「沒有出現明顯叛逆期的孩子」增加了非常多。在這個時代，「會強烈反抗的孩子」看起來比較特殊。

最後，在社會結構中，擁有「即使到了應該自立的年齡，也不會想要離開父母身邊，而是想要在老家輕鬆過活」這種想法的年輕人會逐漸增長。我們可以說，和以前相比，「容易讓孩子成為尼特族」的家庭環境正在增加中。

如果孩子沒有「我會自立，並靠自己的能力來賺錢」、「自己的人生要由自己負責，並靠自己來開創」、「無論如何，我都要實現人生目標」這類野心的話，就很難在今後的時代中生存。關於這件事，我到目前為止已經重複說過好幾次了。

為了讓孩子自立，野心是不可或缺的，而且野心會直接影響到孩子的上進心。

但是，這種野心到底要怎麼培養出來呢……？這是一項給予「育有女兒的媽媽」的課題，也是各位必須好好正視，並去思考的重點。

＊父母的錯誤寬容心態會妨礙孩子自立

那麼，育有青春期女兒的父母，應該怎麼對待孩子才好呢？

如果想要培育出孩子的野心，最好的辦法就是「**父母要勇於成為擋在孩子面前的『牆壁』**，**並讓她跨越這道牆**」。

為了成為「牆壁」，首先我最希望大家意識到的是「在對待青春期的孩子時，要明確地展現出大人與小孩的差異」這一點。

與小學畢業前的孩提時代不同，孩子只要一進入青春期，就會變得對戀愛感興趣，而且也會開始對「性」感興趣。

在「對大人世界的好奇心、朋友的價值觀、媒體」等因素的影響下，孩子會去做「本來不允許未成年人做的事情」，而且這種事不只會發生在男生身上。

即使是女生，也很有可能會發生這種情況。

培養孩子的「野心」！

❶ 適當的期待

妳很努力唸書呢，我期待會有好結果喔。

⬇

有了幹勁後，
就會變得更積極！

❷ 不要把「文化」或「生活方式」等父母自己的喜好強迫灌輸給她

妳也試著自己去找找看「很棒的事」如何？

⬇

與「讓孩子建立自己的世界」有關！

❸ 父母要成為擋在孩子面前的牆壁

小孩就是要聽從大人的規矩！如果覺得不講理的話，就在長大成人時，成為一個能超越父母的人吧。

⬇

孩子會成爲能夠自立的人！

觀察最近的父母後，我發現到，當孩子做了「喝酒、抽煙、性行為」這些只允許成年人做的事情時，父母對於孩子的處置整體上會讓人覺得很寬鬆。如果是以前的父母，當未成年少女抽菸或喝酒時，父母會用「宛如要將她趕出家門般的氣勢」狠狠地斥責她。

但是，最近嚴厲的老派父母明顯減少了。因此，當女生不僅是喝酒或抽菸而已，甚至還與人發生了性行為時，某些父母在面對這樣的女兒時，也不太會流露出不安的情緒，而且他們會用「現在就是這種年代」這種奇怪的想法來讓自己想開，並讓自己理解這種事。

最後，父母這種對於青春期孩子的寬大處置，會引發什麼樣的事情呢？

孩子即使還沒長大成人，仍然能夠做與成年人相同的事情，父母也不會嚴厲地指責，而是會默許。父母也不會說「給我滾出家裡」。

因為父母沒有強迫孩子接受「不講理的成年人規則」，所以孩子的內心也不會產生「想要長大成人」的成長願望。

即使孩子認為「永遠接受父母的庇護，用父母的錢來做喜歡的事，隨意地過日子比較好」也一點都不奇怪。

如果情況變成那樣的話，不管父母還是孩子，應該都很難去改革自己的意識型態吧。

正因如此，在情況變成那樣之前，父母有必要在青春期成為孩子的「牆壁」，並清楚地告訴孩子「大人和小孩是不同的」這件理所當然的事情。

因為孩子正值青春期，所以應該會反抗父母說的話吧。但是，就算這樣，父母還是要反覆地持續說下去。就算她再怎麼認為「大人好狡猾」，但「大人與小孩之間存在著不可否認的差異」這一點是理所當然的。我認為父母應該要更有自信地說出「小孩必須聽從大人與父母的規矩」這件事。

即使是女生，您依然可以跟她說：「如果妳覺得我們不講理的話，就請奮發學習，並在長大成人時，成為能夠超越父母的人吧。」雖然親子間的氣氛會暫時變得險惡，但是就算父母說出那種程度的話，大致上也不會損壞親子關係。

我希望媽媽務必要有「為了孩子的成長，這種事也是必要的」這種信念。

請您在此理解「父母的錯誤寬容心態，明顯會阻礙孩子的自立心」這一點。

＊想成為女兒的「意見領袖」的媽媽

我之前有提到「最近，關係宛如朋友般的親子突然增加了很多」這一點。有許多女生即使升上國中或高中，甚至是升上大學後，還是會深受媽媽的影響，而且這樣的女生無法脫離「媽媽的世界」，也無法超越媽媽。

這裡說的「媽媽的影響力」，主要是指經濟能力、學歷、時尚、文化、生活方式等方面的影響力。

所謂的青春期，是孩子脫離「媽媽的世界」，轉移到「自己與朋友間的世界」的過渡期。這時期也是「孩子會覺得大人的價值觀不講理，並開始摸索，打算建立自己的價值觀」的時期。

那麼，在這裡請各位媽媽回想起您十幾歲時的事情。過去的女生只要到了十幾歲，就會強烈地傾向於去尋找自己喜愛的音樂、時尚或文化。

社會大眾經常會把那種現象當成一種社會現象。孩子會打破陳舊的價值觀，相信自己的感性，並創造出新的文化——在以自己的價值觀為基礎的文化世界中，當然不存在以父母為首的大人。

當時的孩子會像這樣地拒絕上一個世代的干涉，並企圖從父母與大人身邊獨立。當時的父母不太能夠理解孩子所喜愛的年輕人文化，並會對孩子的態度感到很不愉快，而且還會以「帶有些許否定的眼神」來看待孩子。

這次，我們轉過來看看「目前育有青春期子女的父母」吧。您是否有注意到「與十年前的父母相比，現在的父母變得很不一樣」這一點呢？

由於現代的親子關係與過去不同，所以在這種背景下，會出現「在任何方面，父母的價值觀、影響力或感性都會凌駕於孩子之上」這種情況。而在某種意義上來說，父母本身也會對自己太有自信，而且會全面地將這些觀念強加在孩子身上。這兩點會對親子關係造成相當大的影響。

雖然孩子原本會想要依照自己的價值觀與感性來建立「獨自的世界」，但現在的情況卻可以說是「孩子缺少那種行動，並完全被吞沒在父母那代的文化當中」。

因此，孩子也會很輕易地就接受「媽媽所贊同的文化」吧。

當然，「對好的事物抱持好感」這件事本身並不是件壞事，但我們應該稍微注意到「現在的孩子在選擇文化時，並不會依照自己的價值觀或感性，而是會依照父母的價值觀與感性來選擇」這一點。簡單地說，現在的孩子很難脫離「複製父母的價值觀與感性」的階段。

或者，因為媽媽本身對自己的文化很有自信，所以媽媽在面對孩子自己的選擇時，會醞釀出「這真土。水準太低了。媽媽的興趣比較好喔」這種氣氛。

然後，到最後，親子間會透過「以前無法想像的形式」，變得擁有相同的想法。親子間的情況就會變成「如果父母屬於新音樂世代（註：新音樂指的是，1970～80年代的部分流行音樂）的話，孩子也會聽相同的音樂；如果父母哈韓的話，孩子也會熱衷於韓劇」。

另外，媽媽如果對自己的時尚品味很有自信的話，就會堅持要親自幫孩子挑選衣服，並會挑剔孩子選的衣服。

但是，我希望大家注意到「媽媽的這種行為會延緩孩子去建立自己的世界」這一點。我並不是不了解那種「忍不住就會把自己的興趣強加在孩子身上，或是想要挑剔孩子的選擇」的心情。

「因為我想要一直和女兒以相同的興趣為樂嘛。」或許您會這麼說。

但是，我還是要說，您應該要使勁地忍住這種想法，並稍微打消念頭。接著，如果孩子無論如何都會依照「與媽媽相同的感性」來選擇文化的話，媽媽就應該主動對她說：「雖然媽媽也喜歡這個，也覺得很好，但妳也可以試著去尋找妳自己覺得很棒的事情呀，如何？」請您試著鼓勵她自己去尋找或選擇文化。

做一個會在女兒背後推一把的嚮導

＊「適度的期待」會讓孩子有幹勁

來說說「父母應該對女生有什麼樣的期待會比較好」這一點吧。關於「父母對於孩子的期待」，人們有各種看法。

其中，我們經常會聽到的是「如果父母過於期待的話，就會對孩子造成壓力，所以不太好」，這究竟是真的嗎？

父母如果有嚴重錯估的期待，或是過度期待的話，就會造成孩子的負擔。

不過，即使如此，我們也不能說「有所期待」完全是件壞事。倒不如說，對孩子的成長來講，來自父母的適度期待是必要的。

舉例來說，讓我們試著透過這種例子來思考看看吧。

1　有個孩子努力地唸書，並在考試中拿到過去沒拿過的高分。這個孩子的媽媽害怕對孩子所有期待會使她產生壓力，所以沒有特別針對考試結果做出回應。那麼，這個孩子會如何看待父母的反應呢？

2　有個孩子在定期測驗前，會在家做考試的準備，而且唸書唸得比平常還要晚。孩子覺得這次只要比以前更加努力一些的話，就能取得好成績。但是，媽媽卻只是用不太關心的樣子說：「不用那麼勉強自己也沒關係。」這孩子會覺得怎樣呢？

我舉了兩個例子，無論哪個都是不好的例子。

兩者的共通點都是「雖然孩子抱持著『要努力』的心情去挑戰，但媽媽卻對此不抱期待」這一點。

1的媽媽害怕「對孩子有所期待」。

2的媽媽原本就對孩子的挑戰不怎麼關心，所以還不到「有所期待」的地步。

雖然這一點是兩者的差異，但兩位媽媽都沒有對孩子說出期待的話。

這時，孩子會覺得「幸好沒有被人期待」嗎？

恐怕不會。

孩子會等媽媽說出「我很期待妳的努力」這類話語。要說為什麼的話，那是因為「對孩子有所期待」這件事，即是「關心孩子」的證據。

媽媽如果在這時候說出「媽媽也期待有好結果喔」、「下次也要努力取得好成績喔。媽媽也很期待喔」這類話語的話，孩子就會提起幹勁，或是產生「想要努力」的心情。

但是，很遺憾地，1和2的媽媽都對孩子傳達了「我不太關心妳」這種訊息，孩子大概會變得意志消沉吧。

透過這個例子，我們也能夠明白，**賦予期待的目的不是為了「讓孩子承受壓力」**，

而是為了「激發出孩子的幹勁，並讓她朝下一個目標努力」。因此，我希望大家不要被社會上所說的「期待＝不好的壓力」那種說法給迷惑，我希望大家給予孩子「能夠激發幹勁的期待」。

關於這一點，經常有人會問我「怎樣才算是適當的期待呢」這個問題。比起完全不認識令嬡的我，各位媽媽應該更了解自己女兒的個性或性格。請您試著好好地弄清楚「該怎麼做，才能激發女兒的幹勁」這一點吧。

＊「女兒」並不等於「自己的分身」

媽媽會因為孩子的性別與自己相同，就屢次產生「女兒＝自己的分身」這種誤解。我在上個章節中曾提到「賦予期待的方法」，有的媽媽會將「賦予期待」和「希望女兒成為自己的分身」這個願望混淆在一起。

深信「孩子＝媽媽的分身」這種想法的親子在精神上的距離會過於靠近，而且有時會變成依賴性的關係。

明顯有出現這種關係的狀態叫做「母子依附」，以往所說的母子依附指的都是媽媽和兒子的關係，而且人們一般會將兒子稱為「有戀母情結的男性」等。

然而，我們現在也會經常見到可以稱得上是「女生版戀母情結」的母女關係。一旦陷入這種狀態的話，孩子不管到了幾歲都沒辦法離開媽媽，媽媽也會無法離開孩子，並不斷地去干涉孩子。

如果要代替這種母親的心理來發言的話，應該就是「如果孩子自立後，會飛向自己不知道的世界的話，我會很困擾」吧。

但是，如果父母永遠把孩子當做籠中鳥關起來的結果，就會使孩子的人生變得不幸。

要說為什麼的話，那是因為孩子會失去「依照自己的意思來找出人生方向」的機會。當孩子從分身狀態中解放，並且成為真正的自己後，才能夠找到人生方向。我希望大家不要忘記這一點。

我希望各位媽媽採取的態度，不是「將孩子當作籠中鳥，放在身邊」，而是「一邊在她背後輕推一把，一邊引導她，使她能夠朝向將來的目標勇往直前」。即使孩子做錯了，也不可以遮蔽孩子的視線，使她無法朝向未來。

理想的母女關係

- 即使孩子選擇了和媽媽的意圖不同的道路 媽媽也要尊重、關懷、輔導她。
- 如果孩子有了目標的話，就一邊輕推她的背，一邊指引她前進。
- 為了提供孩子建議，所以媽媽要事先以廣闊的視野來蒐集關於升學或社會變化方面的資訊。
- 不要拿孩子和其他小孩做比較。也要告訴孩子：「只要最後長大成人時，妳能成為『對自己有自信的人』，那樣就夠了。」

輕推她的背

如果孩子選擇了「和媽媽的意圖不同的道路」，也應該尊重她。不管怎樣，「無視本人的意思，讓她走在媽媽選擇的道路上」這種作法也太蠻橫了吧。

＊媽媽本身要努力去了解社會與世界

那麼，為了成為「能夠在孩子背後輕推一把的媽媽」，必須要做些什麼呢？其他事情暫且不提，首先我想拜託的是「希望媽媽本身要努力去了解更多關於社會的事情」。

舉例來說，在孩子的升學方面，男孩的媽媽會傾向於了解和孩子人生相關的所有事情。也就是說，不僅要了解「孩子要就讀的志願校」，也要了解包含「將來的大學升學」與「提昇專業能力」在內的所有事情。

但是，很遺憾地，大部分育有女兒的媽媽都比較不熟悉這部分的事情。不管是國中入學考試還是高中入學考試，女孩的媽媽無論如何都會強烈地傾向於只著重在眼前的事情，想法會止於「只要考上就行」。她們似乎不擅長透過長期觀點來對孩子的人生進行全面性的預測。

男孩的媽媽與女孩的媽媽之間的另一項差異則是，從何處取得「關於孩子的升學與人生的資訊」或是「關於社會變遷的資訊」，也就是「資訊來源的不同」。

這一點也可以說是所有育有女兒的媽媽的傾向。女孩的媽媽的資訊只會來自於直接認識的人，像是「孩子同年級同學的媽媽」或「孩子的學長姐的媽媽」之類的人，而且這種情況很常見。

因此，媽媽會不得不把這些「在自己所見所聞的範圍內得到的『小道消息』或『傳聞』」當作判斷事情的標準。

但是，如果大家把這些當作資訊來源的話，就會產生「資訊來源的範圍非常有限，能得到的資訊既少又不公正客觀」這些問題。光和認識的媽媽聊天，應該很難得知社會的變化吧。

不過，社會上還是有許多「即使是從今天開始，也能夠接觸到」的資訊來源。

舉例來說，『東洋經濟』、『President』、『Diamond』等經濟資訊雜誌會非常詳細地刊載關於高中或大學升學方面的可靠資訊，而且內容也很簡單易懂。雖然這些媒體原本是專業經濟雜誌，但現在也會大幅刊載關於教育問題、就業問題，以及各種社會趨勢的報導，所以我很推薦大家去閱讀。

如果想要了解「女性如何在當今社會中發揮能力」與「有什麼樣的女性榜樣」的話，這些雜誌也是很好的媒體。

或者，只要去書店的話，就會發現出版社每個月都會發行很多探討時事議題的新書。

您是否斷定「我不擅長看這種書」呢？但是，我保證這些書都很好懂，而且也能幫助各位媽媽培養出觀察社會的眼光。

在此，我想進一步地說明的是「如果媽媽不那麼努力的話，孩子就無法變得幸福」。媽媽如果可以用遼闊的視野來面對社會，並去了解許多事情的話，就能夠在必要時，為孩子提供建議。這類建議資訊也會成為一種「能夠幫助孩子成長」的工具。

在現今的時代，社會本身會勇於改變，並會變得多樣化。因此，我不得不說，如果父母採取「將一切交給學校處理」或「只仰賴身邊的親友所提供的資訊」這種態度的話，就會產生極大風險。

在今後的子女教育中，媽媽本身必須非常敏銳地注意社會的脈動。

＊我家的孩子VS別人家的孩子——比較症候群

我想許多媽媽都有過「將自己的孩子和別家的孩子做比較，並變得忽喜忽憂」這種經驗吧。

雖然男生也會被家長拿來互相比較，但女生可以拿出來比較的項目遠比男生來得多，像是容貌、身材、學校成績、朋友人數、受歡迎程度等。

舉例來說，如果同學之中有容貌和身材都很棒的女生的話，不只是孩子，就連媽媽也會覺得羨慕。

孩子自己也會和人比較，在醫學上，青春期的減肥（尤其是明明已經很瘦了，卻還想要更瘦的過度減肥）明明是很不像話的事情，但她們卻把唸書當成次要的事，而且很有可能會受到減肥或美容資訊的擺佈。

因為我從事教育方面的工作，所以我很關心現在的媽媽和女生有什麼樣的想法。

在我所見所聞的各種例子中，我能夠說的一件事就是「在未成年時期所做的比較代表的意義並沒有那麼大」。

要說這是為什麼的話，那是因為孩子尚處於成長中的階段，能力、特性、容貌等項目在之後都會不斷地變化。大家可不能忘了「這個時期只不過是人生中的一段過程」這一點。

比如說，「考上私立名門國中」、「擁有媲美模特兒的身材」、「在網路上，有很多人加我為好友」這些事情並無法保證孩子長大成人後，會成為什麼樣的人。「在十幾歲的階段，即使偶然比別人稍微優秀一點，但之後卻毫不努力的話，長大成人後，就會變得沒有什麼值得一提的長處」這種例子很多。

我想媽媽應該也曾經有過「在同學會上看到同學變了一個樣，並驚訝地心想『她在學生時期明明那麼漂亮，而且唸書和運動都很厲害的說……』」這種經驗吧。由於沒有上進心和目標意識，所以過了二十歲後，就會變成一個平凡的人，這種例子不勝枚舉。

反過來說，即使孩子在成長過程的比較中輸給別人，今後還是會不斷地改變，所以我們完全不需要沮喪。

倒不如說，「不要去在意這類比較，而是要以『讓孩子確實地提昇內涵』為目標」這種作法比較能增加「孩子在長大成人後反敗為勝」的可能性。

「最後長大成人時，只要能夠成為「對自己有自信」的人，那就夠了。」

「不會受到成長過程中的『渺小優越感』或『自卑感』擺佈的生存之道會比較重要喔。」

請您務必要向孩子傳達這種想法。

思考「孩子的自立」與家庭的未來

＊父母的離婚．單親媽媽與女兒

在閱讀本書的媽媽之中，有的人也許會對「其實我自己和丈夫處得不好」這一點感到苦惱。

在此，我要來說明孩子與父母夫妻的關係。

看過各種機關過去所做的調查後，我得到的結論為，比起「夫妻關係持續處於不佳狀態的家庭」，離婚家庭的孩子在認知功能和精神層面上受到的負面影響會比較少。

因此，在精神醫學專家之間，我們會聽到的大多數意見都是「如果夫妻感情已經破裂的話，就沒有必要再忍耐，也不需要為了孩子而不離婚」。

不過，我們可以說，如果情況是「雖然夫妻感情確實不是很好，但也還沒到明顯破裂那種程度」的話，在孩子到達一定年齡前，夫婦倆在孩子面前還是盡量地裝成一對恩愛夫妻會比較好。

所謂的「一定年齡」會因人而異，請大家將其理解為「孩子能夠毫不勉強地概略理解媽媽所說的話」的年齡。當孩子到了那種年齡時，我想媽媽就可以告訴她：「老實說，根據我的判斷，我無法再和妳爸爸一起生活了，所以我想離婚。」

由於與男生相比，女生對於事物的洞察力與理解力會比較高，所以女生在聽媽媽說之前，應該很少會出現「完全沒想過父母會面臨離婚危機」這種情況吧。

因為孩子會如同「不知為何，就是知道爸媽之間的感情不太好」那樣，以自己的方式來理解情況，所以也幾乎不會出現「內心不安，並陷入恐慌」這種狀況。

最重要的是，如果母女之間過去曾確實建立信賴關係的話，即使夫妻感情破裂，也不會對孩子造成那麼嚴重的負面影響。

因此，如果情況變成那樣，我希望各位媽媽要注意到「老實地將事實告訴孩子」這一點。

「由於即使結婚了，也可能會跟媽媽一樣，以離婚收場，所以無論妳是否要結婚，還是離婚了，妳都必須擁有『靠自己來賺錢』的能力喔。」到時候，先對女兒那樣說應該會比較好吧。就連這種家庭問題，也能成為增強女生自立心的契機。

要是在這個時候，孩子沒有從媽媽口中得到任何訊息的話，孩子反而會產生「男生全都跟爸爸一樣，都是不顧家庭的人」這種消極想法。由於這種想法會使孩子變得不相信男性，所以媽媽必須適當地處理這一點。

既然有媽媽會把離婚當成好事，也就有媽媽會因此對孩子感到內疚。但是，光從觀察我自己的交友關係，就會發現，有許多在離婚家庭中長大的女性都擁有很高的自立心和上進心，而且會堅強地走在自己的人生道路上。

所以，對媽媽和孩子來說，我認為「毫不猶豫地做出最佳選擇」是最好的作法。

＊比結婚更重要的是「自立」

如同我在第一章提過的那樣，在今後的時代，無論是否要結婚，女生都必須擁有「靠自己養活自己」的能力。

但是，為人母親者果然還是會很在意女兒的婚事吧。那麼，我們能夠讓「學習能夠自立」和「結婚」這兩件事不互相對立，並一起實現嗎？

試著觀察現在的社會，就會發現「因為經濟能力不夠充足，所以遲遲無法下定決心結婚的男性」正在增加。另一方面，說到「女性的情況如何呢!?」，有些女生過去明明已經為了磨練能力而付出過努力，但是只要喜歡的人一出現，她們就會將那種努力全數拋棄，並下定決心要結婚。

有許多女生即使沒有能夠支撐自己人生的經濟能力，還是會很不在意地結婚。各位媽媽對這種例子有什麼想法呢？

在「使人內心變得安穩」方面，我認為「得到打從心裡相愛的伴侶」這一點確實是一件非常重要的事。

不過，「將所有努力、能力、經歷等事物捨棄，以換取結婚這個選擇」並不能說是高明的生存之道。

雖然為人母親者大概不會對「女兒將來要結婚」這一點有異議，但還是應該告訴她：「比起結婚，妳還是先去掌握能夠自立的能力和方法吧。」

女生即使結婚了，仍然會因為離婚、死亡或失業等情況而失去家中的經濟支柱。根據情況，女生也可能會成為單親媽媽，並變得必須維持母子的生活。把這些現實中可能會發生的事情告訴孩子是媽媽的重要職責。

在各位媽媽當中，有的人應該會很在意孩子幾歲結婚吧。基本上，「孩子會在幾歲結婚」這一點當然與緣分有關係，但基本觀念仍是「您的孩子本身有沒有打算要生小孩」這一點。

女兒將來要是想成為媽媽的話，在考慮結婚時，就必須考慮到生育年齡，但如果女兒決定不生小孩的話，她就只需在「對她本人而言的最佳年齡」結婚即可。當親子間談到這種話題時，請不要把「但是，我還是想抱孫子啊」、「既然是女性的話，就應該成為媽媽」這類媽媽的願望強加在孩子身上。請您始終都要採取「當事人的婚事就讓當事人去決定」這種態度。

「孩子一直都不結婚，真讓人傷腦筋啊。」雖然有許多媽媽會如此地嘆息，但比起那件事，「一直都無法自立」這件事是個更加嚴重的大問題。我希望各位媽媽能夠確實注意到這一點。

所謂的「幸福的女生」，指的是什麼樣的女生？

能夠自主思考，
並堂堂正正地表
達己見的女生
能夠站在對方的立場
上為對方著想的女生
有上進心，並能夠
朝向更高的目標來
努力的女生
能夠靠自己的能力
在社會上自立的女生
努力去磨練
實力與才能的女生

5 求知欲

藉由從小時候就不斷告訴她「聰明是好事」，來激發出女生原本就具備的求知欲，讓她變得喜歡唸書。如果她因九歲（十歲）的障礙而裹足不前的話，就幫助她克服障礙。如果她覺得小學的課程無法令她滿足的話，就讓她先預習。父母要依照成長的情況來輔導她。

6 準備良好的環境

進入青春期後，朋友的重要性會超越父母，成為孩子心目中的第一順位。孩子和朋友一起度過的時間會一口氣增加很多，另一方面，孩子也會對友誼關係感到煩惱。如果女生小團體中的同儕壓力很大，或是有發生「排擠、互相扯後腿」等情況的話，請大家最好為孩子準備學校以外的新環境。

7 孩子離巢，父母放手

「朋友般的親子關係」無法讓孩子培養出自立心與野心。為了讓她成為既有上進心又自立的大人，父母應該成為阻擋在孩子面前的「牆壁」。當孩子進入青春期時，要清楚地告訴她大人與小孩的差異，並讓她認為：「當我長大後，也能夠做到這種事！」

總整理

1 上進心

在今後的嚴峻社會中，女生如果想要盡可能地建立幸福人生的話，最好的辦法就是「提昇自己的實力（智力·學力A＋）」。因為在階級化的社會中，靠「和大家一樣」這種志向是無法變幸福的，所以為了讓她具備強烈的上進心，並名列前茅，父母的輔導是很重要的。

2 自立

希望大家確實地將「就算是女生，也可以非常會唸書」、「會唸書是很棒的事情，而且也會對將來有幫助」這些觀念傳達給孩子。孩子如果確實繼承了父母的想法，就不會在意周遭的看法，而是會很有自信地專心唸書，並逐步接近「在社會上自立」這個目標。

3 贏在起跑點

女生的成長型態屬於「早熟型」。從小學到國中二年級這段期間，女生的成長速度很快，在學習方面，她也會不斷地做到許多事情。女生會透過成功的體驗或是成就感來培養「自己能做到」的自信。父母應該有效地活用「女生會贏在起跑點」的期間，並激發孩子的興趣和好奇心，使其成長。

4 堅定不移的教養術

如果父母有確實地制定「自家的子女教育方針（＝崇高的計畫）」的話，就不會因為和別人家相比而感到迷惘，或是受到旁人的意見擺佈，而是能夠堅定不移地管教孩子。如果父母只會遵循那些「因為是女生，就縱容她」、「女生應該要這樣子」這類社會價值觀的話，那就不算良好的管教。

結語

閱讀本書後，您覺得如何呢？

也許有的人會認為「我根本做不到」，或是覺得「自己對孩子的教育很失敗」，並感到很沮喪。

的確，如同我在「序言」中提過的那樣，因為我自己在教育女生方面會感受到很強的危機意識，所以有些部分的措詞會稍微嚴厲一點，而且有些部分也許會把社會情勢描述得過於悲觀。

不過，各位媽媽完全不需要全盤接受我這樣的建議，也不需要過度在意。每個孩子的個性都不盡相同，每個家庭的方針也理所當然會不同。所以，為了讓這本書能夠盡量地協助大家教育孩子，所以請大家將我的方法改編成適合自己孩子的方法，或是只使用「您覺得似乎能夠用在自己孩子身上的部分」，這樣就可以了。剩下的部分，各位媽媽只要相信自己教養孩子的想法，並去實踐就行了。

由於我本身也是一名父親，所以曾實際感受過許多事。教養孩子既然會有順利的時候，當然也會有不順利的時候。當我們覺得孩子一帆風順時，但她卻會在不知不覺中受挫。以前非常棘手的孩子正在以一己之力向前邁進，過去那些令人擔心的事情宛如謊言一般。

如果情況很順利的話，比起拘泥於我的做法，還是繼續依照目前的做法會比較好。如果情況不順利的話，就請稍微試試看本書中所記載的方法。觀察過結果後，如果您認為不合適的話，只要再嘗試其他方法就行了。因為，最能夠仔細地觀察，並關懷自己孩子的不是別人，正是媽媽。

我會不斷祈禱，希望大家一邊用開闊的胸襟去享受「和女兒共度的親子教育時間」，一邊堅強地開創人生。

和田秀樹

作者

和田秀樹（わだ　ひでき）

一九六零年出生於大阪府，為精神科醫師。畢業於東京大學醫學院。國際醫療福祉大學研究所教授（專攻臨床心理學）。一橋大學經濟學院兼任教師（醫療經濟學）。以精神分析學（尤其是自我心理學）、團體心理治療學等為專業。以考試顧問身分活躍著，主持綠鐵考試指導研討會，教授針對不同志願學校的學習方法，指導考生挑戰第一志願東京大學。其首次擔任導演的作品「東大灰姑娘」，榮獲摩納哥國際影展最優秀作品獎等獎項，在文化等領域也廣為活躍。

親子互動 相關叢書

1~10 歲孩子的教養密碼

15X21cm　208 頁
彩色　定價 250 元

胎內記憶的首席專家　七田真幼兒教育專家
池川明　X　飛谷由美子

攜手教妳自信帶小孩

一本啟動爸媽潛能的教養書！我常常覺得自己的孩子很不可愛，我是一個不及格的媽媽嗎？孩子調皮搗蛋的時候，應該加以責罵嗎？我經常無法壓抑自己的脾氣，最後就會對孩子大聲咆哮。我實在搞不懂怎樣稱讚才是正確的，請問有什麼要領嗎？孩子的爺爺奶奶常會干涉我的教養方法，該怎麼處理才好……

家有 1~10 歲幼兒的爸媽們，上述這些問題是不是也常困擾著您呢？您對於帶小孩是不是感到越來越沒自信呢？讓兒童教育專家跟您聊聊孩子在想什麼。

媽媽在育兒方面有困擾時，與其把視線著重在媽媽身上，不如將視線擺在一心期盼媽媽幸福的孩子身上。因此，如果妳希望孩子幸福的話，首先就必須媽媽自己感覺幸福。

掉育兒教養書，讓孩子自己說他在想什麼？請爸媽們記住，用心去傾聽孩子的心聲，你們才是最了解孩子的專家！

親子互動 相關叢書

陪孩子讀一本學會獨立的書

15X21cm 192 頁
彩色 定價 250 元

您的小朋友幾歲呢？曾自己一個人出門買東西嗎？早上睡醒是否會把棉被摺好、自己穿好衣服呢？是否能自己整理書包，準備好隔天上課要用的東西呢？看到長輩是否會主動打招呼問好呢？您期盼您的小孩能夠更獨立自主一點嗎？

小孩子固然是父母心中的寶貝，不過愛他就要教導他，避免變成直昇機父母，任何事情都幫孩子打理的好好的，剝奪了孩子學習的機會。試著適度放手讓孩子去摸索、在挫折中茁壯，讓孩子擁有解決問題的能力。

在家庭教育當中，父母和小孩雙方都是學習者，同時也扮演了教導者。孩子成長過程的反應也考驗著父母與小孩之間的親子關係與應對能力。生小孩容易教養難，父母親也不是一開始就知道怎麼當父母的，不妨跟著書中的角色們一起來看看如何教養孩子吧！

本書以漫畫的模式，表現親子間互動的過程。藉由 80 則小故事，敘述孩童學習成長時，會遇到的各種狀況，幫助小朋友思考，讓您的小孩更加獨立自主，當一個不用事事讓父母親費心的孩子。

親子互動 相關叢書

贏在三歲前的 30 種
幼兒潛能開發遊戲

21X18.2cm　　144 頁
彩色　　定價 250 元

相信所有的父母都會想要擴展小孩的可能性、激發孩子的潛力和才能，所以一定也有很多家長相當注意和關心各種教育方式。可是，目前坊間已經有非常多各式各樣的幼兒啟蒙方式和教育理論，家長們一定感到不知該從何種方式下手吧！？可以的話當然想全部的方法都試看看，可惜生活忙碌的各位爸爸媽媽要在這麼多幼兒教育方式中尋找，有如大海撈針，更何況小孩的成長可是不會等人的喔～！

本書針對１０００位家中育有幼童的媽媽們，進行「實際施行過的育兒法」問卷調查。再從問卷調查的結果中，篩選出媽媽們認為最有效的育兒法前３０名收錄在內容裡，邊玩邊學效果滿分！最優良的親子互動教育方式。０～３歲孩童的人氣教養法，一本書就全部告訴你！

介紹的每種育兒學習都附有【要怎麼做呢？】與【有什麼效果呢？】的內文說明，還有施行時的重點注意事項！再配合溫馨可愛插畫圖，閱讀起來好懂又輕鬆。

親子互動 相關叢書

孩子還是這樣引導比較好

15X21cm　208 頁
彩色　定價 250 元

「你有沒有在聽我説話！」

「你這樣做是不行的！」

「怎麼還做錯？我不是告訴過你了嗎？」

親愛的爸媽，您是否常常用提高八度的音量，在對孩子們下達指令？

而孩子們的反應也往往是不情不願，甚至還會擺臭臉給您看呢！

現代父母親實在難為呀！因為科技的進步、社會環境的遽變，孩子的成長過程早就不同於父母親過往的經驗，如果還是用僵化而且老掉牙的觀念來束縛孩子，只會造成親子關係的緊張，讓孩子跟家長的距離越來越遠！

作者身為日本少年足球隊的知名教練，在將近三十年的教練生涯中，作者深切的感受到，只要採用對的教育方式，小孩子就能夠大幅度成長。現代的孩子究竟缺乏什麼？大人應該改進的地方又是什麼呢？本書是從教養子女和人類教育的觀點，提出 11 項幫助孩子在各方面得以順利成長的建議事項。

親子互動 相關叢書

隨著四季變化帶小孩

15X21cm 104 頁
彩色 定價 220 元

順應身體智慧，教養自然不費力。

媽咪們，不要錯過孩子身心發展的關鍵時刻唷！

大受日本媽媽們喜愛的整體治療師，將要教你細意體會，孩子內在與外在的需求！ 提到整體治療一般人很容易聯想到把身體拗來扭去的整骨技術，請先別皺眉頭，本書並不是要你強迫拗折孩子的身體，而是以一種宏觀的態度，強調全面健康的完整性。作者在本書中，想要傳達的其實是一種環境與身體，以及內在互相影響、關連的智慧。

書中將從四季分類，講述各個季節該如何照護孩子的身體，寒冬期間，我們的身體呈現緊縮狀態，一到春天，全身就隨著氣溫的升高而緩緩鬆解。秋天受寒不單單會引起感冒、甚至會讓內心感到不安。我們的身體與自然環境息息相關，而身體變化又會影響心理變化。小孩子是很敏銳的生物，對生活周遭的感受性特別強烈，因此在養育孩子的時候，一定要做足觀察的功夫。

TITLE

教出一生幸福好女兒

STAFF

出版	瑞昇文化事業股份有限公司
作者	和田秀樹（わだ　ひでき）
譯者	李明穎
監譯	大放譯彩翻譯社
總編輯	郭湘齡
責任編輯	林修敏
文字編輯	王瓊苹　黃雅琳
美術編輯	謝彥如
排版	曾兆珩
製版	大亞彩色印刷製版股份有限公司
印刷	桂林彩色印刷股份有限公司 紘億彩色印刷有限公司
法律顧問	經兆國際法律事務所　黃沛聲律師
戶名	瑞昇文化事業股份有限公司
劃撥帳號	19598343
地址	新北市中和區景平路464巷2弄1-4號
電話	(02)2945-3191
傳真	(02)2945-3190
網址	www.rising-books.com.tw
Mail	resing@ms34.hinet.net
初版日期	2014年1月
定價	250元

國家圖書館出版品預行編目資料

教出一生幸福好女兒 / 和田秀樹作；李明穎譯.
-- 初版. -- 新北市：瑞昇文化, 2014.01
224面；14.8x21公分

ISBN 978-986-5749-17-0(平裝)

1.親職教育 2.子女教育

528.2　　102026977